ST OUEN
ST DENIS
AUBERVILLIERS
Servitude
non-ædificandi
La Chapelle
XVIII
Grandes Carrières
Clignancourt
Goutte d'Or
Montmartre
La Villette
XIX
Pont de Flandre
PANTIN
LE PRÉ ST GERVAIS
LES LILAS
St Georges
Rochechouart
IX
St Vincent de Paul
X
Hôpital St Louis
Amérique
Combat
Belleville
Chaussée d'Antin
Fg Montmartre
Porte St Denis
Porte St Martin
Gaillon
Vivienne
II
Mail
Bonne Nouvelle
Arts et Métiers
Place Vendôme
Palais Royal
I
St Germain l'Auxerrois
Les Halles
Ste Avoie
Enfants Rouges
III
Archives
Folie Méricourt
St Ambroise
XI
La Roquette
Père Lachaise
XX
Charonne
St Fargeau
BAGNOLET
St Merri
St Gervais
IV
Arsenal
Notre-Dame
Monnaie
St Thomas d'Aquin
St Germain des Prés
VI
Odéon
Nd des Champs
St Victor
V
Val de Grâce
Jardin des Plantes
Salpêtrière
Ste Marguerite
Quinze-Vingts
Picpus
XII
Bel-Air
Bercy
MONTREUIL
ST MANDÉ
BOIS DE VINCENNES
Montparnasse
XIV
Croulebarbe
XIII
Gare
Petit Montrouge
Santé
Maison Blanche
SEINE
FLEUVE
Conflans
CHARENTON
IVRY
GENTILLY

PARIS JAMAIS VU !

PARIS JAMAIS VU !

LES ANNÉES 1920 PRENNENT DES COULEURS

SÉBASTIEN DE OLIVEIRA
COLORISE LES ARCHIVES ROGER-VIOLLET

Textes de Guillaume Evin

CHÊNE

LA MACHINE À REMONTER LE TEMPS N'EXISTE PAS.

L'exploration photographique nous permet pourtant de la toucher du doigt. Plonger dans les archives Roger-Viollet à la recherche de moments volés et de visages d'inconnus est une véritable expédition dans le Paris des années 1920. La réalité disparue, figée dans le temps, est là, à jamais gravée sur la pellicule, sur le papier. Combien d'heures passées à scruter chaque expression, à observer chaque objet, à se demander quelle pouvait être la couleur de chaque centimètre carré ?

Les références chromatiques sont confuses pour cette période qui s'impose en noir et blanc dans notre imaginaire collectif. La couleur n'a pourtant jamais cessé d'exister : les roues des taxis étaient bel et bien rouges ou jaunes. Peu de témoins colorés de l'époque subsistent pour nous le rappeler, il faut aller chercher du côté des autochromes – et de leurs teintes éclatantes – pour trouver l'inspiration. Mais comment redonner de la couleur à une décennie qui semble noyée dans la grisaille, les commémorations à la gloire des poilus et les matins frisquets sur les marchés encombrés ? Paris est une ville coincée entre deux guerres mondiales. Une part d'elle est en deuil, l'autre fait la folle.

Revoir Paris en couleurs, c'est constater qu'elle a peu changé. Épargnée par les destructions, elle est restée celle d'Haussmann, figée dans son image de ville moderne du XIXe siècle. Le décor est le même, mais ceux qui l'habitent nous semblent étrangers. Les forts des Halles, les élégantes des champs de courses, les chauffeurs de taxi ; ce sont ces disparus, leurs gestes, leurs manières, leurs expressions qui nous interpellent. Leur vie est si différente de la nôtre, et pourtant ils nous sont identiques en tout point. Ce paradoxe rejoint celui qui m'anime quand je travaille sur une colorisation : tenter la restitution fidèle d'une réalité jamais vécue.

Coloriser une photographie, c'est l'agrandir, en faire le tour jusque dans les moindres détails. Nettoyer la saleté, les rayures, les points noirs – ces trous dans le négatif – et les points blancs formés par les poussières. Autant de témoignages de la lumière de cette journée de 1920 incrustés sur une petite surface sensible. Il faut d'abord lui faire une beauté, préparer l'image à recevoir la couleur. La colorisation n'intervient qu'après. C'est un acte d'imagination et d'interprétation, un geste pictural dont le but est de se fondre dans une réalité disparue, de la faire sienne. C'est une drôle de quête, fascinante, obsédante et poétique à la fois.

→ **TOUR EIFFEL** — Photographie prise depuis le Trocadéro. Paris (XVIe arr.), **1925-1930.**

↑ **NOTRE-DAME DE PARIS** — La cathédrale et le pont Saint-Michel vus depuis le quai des Grands-Augustins. Paris (v^e et vi^e arr.), vers 1925.

CHIRURGIEN DENTIS
COLIS
AU DEPART

10

→ **PLACE DE LA BOURSE** — À l'angle de la rue du quatre-Septembre et de la rue Vivienne. Paris (IIe arr.), 1925-1930.

ERIES
TISH DOMINIONS
L'INDI
COMPTOIR

↑ **OPÉRA GARNIER** — Place de l'Opéra vue depuis l'avenue de l'Opéra. Paris (IXe arr.), vers 1925.

↑ **CHANTEURS ET MUSICIENS** — Groupes d'artistes sur les marches de l'opéra Garnier. Paris (IXe arr.), 1925-1930.

← **FESTIVITÉS AUTOUR DE L'ARC DE TRIOMPHE** — Cérémonie du deuxième anniversaire de l'armistice de 1918. Paris (VIIIe arr.), **11 novembre 1920.**

↑ **ATTENTE DES RÉSULTATS DU SCRUTIN** — Foule rassemblée sur la place de l'Opéra pour l'annonce des résultats des élections législatives. Paris (IXe arr.), **5 mai 1936.**

← **TOUR EIFFEL ILLUMINÉE** — Installation lumineuse réalisée par Fernand Jacopozzi pour Citroën. Paris (XVIe arr.), **1925.**

↓ **ENSEIGNES LUMINEUSES** — La place de l'Opéra et ses publicités géantes. Paris (IIe arr.), **1927.**

LAITIERE MAGGI
L'S
"AN"
TTES
Marnier
LE MEILLEUR APERITIF
CINZANO
CINZANO
VELMA
SUCHARD
CHOCOLAT SUCHARD CACAO
DE PARIS
SALOME
CHICAGO DAILY NEWS
CHICAGO DAILY NEWS
L'ECHO DE PARIS
AMOURETTE
PLACES RESERVEES POUR TOUS LES THEATRES

Peugeot
LA GRANDE MARQUE NATIONALE
Peugeot
Peugeot
NEW YORK HERALD

↑ **NOUVEL AN SUR LA BUTTE MONTMARTRE** — Simone Dollie en « République de Montmartre » et Francisque Poulbot, dessinateur humoristique et affichiste, entourés d'enfants. Paris (XVIIIe arr.), **1er janvier 1922.**

↑ **FÊTE NATIONALE** — Réjouissances populaires dans les rues de Paris, **14 juillet 1920.**

↓ **BAL POPULAIRE** — Festivités organisées rue du Faubourg-Saint-Martin. Paris (xe arr.), **14 juillet 1921.**

DINER

SOUCHET TAILLEUR
TABAC
BRASSERIE JOSEPH
BIERE GRUTLI

↑ **FESTIVITÉS** — Défilé organisé par le comité des fêtes de la mairie d'arrondissement sur le pont tournant de la Grange-aux-Belles au-dessus du canal Saint-Martin. Paris (x^e^ arr.), **1923.**

→ **NUMÉRO DE CIRQUE** — Démonstration de chiens de cirque devant les baraques Collet. Paris, **1920-1940.**

↓ **CORTÈGE D'ACCORDÉONISTES LILLOIS** — Démonstration musicale dans les rues de Paris, **1922.**

Pour 1fr25 de Location
par jour tout le monde
peut jouir des bienfaits
de la T.S.F
grâce aux
COMPTOIRS GENERAUX
FRANÇAIS
140 QUAI JEMMAPES
SAUF MOI PARCE QUE
JE SUIS UN ÂNE

↑ **MONTMARTRE EN FÊTE** — Championnats sportifs et humoristiques. Paris (XVIIIe arr.), **15 juin 1924.**

← **PUBLICITÉ POUR LA TSF** — Un âne porte une pancarte pour la location de postes de télégraphie sans fil devant le Grand-Palais. Paris (VIIIe arr.), **vers 1930.**

↑ **FÊTE DE LA SAINTE-CATHERINE** — Les catherinettes défilent et posent devant l'opéra Garnier. Paris (IXe arr.), **novembre 1922.**

FLONFLONS

Au sortir de la Grande Guerre, la France panse ses plaies. Elle veut tout à la fois honorer la mémoire de ses morts et fêter une insouciance retrouvée. Les commémorations se multiplient, tout comme les bals populaires et les célébrations en tout genre.

Le traumatisme national subi se répercute dans toutes les strates de la société. Chaque famille, ou presque, est endeuillée de près ou de loin. Marqués dans leurs chairs et leur cœur, les Français veulent se souvenir du sacrifice collectif consenti pour le salut de la patrie. Les anciens combattants et les victimes de guerre (« gueules cassées », amputés, estropiés…) sont là pour le rappeler chaque jour.

1923, LA FLAMME DU SOLDAT INCONNU

En octobre 1920, les Anglais ont les premiers l'idée d'inhumer un Tommy (surnom des soldats britanniques) anonyme dans l'abbaye de Westminster, en souvenir des hommes tombés au champ d'honneur. Les Français réagissent dans l'urgence. À l'initiative d'un collectif d'anciens combattants, le gouvernement valide l'idée du Soldat inconnu. Le poilu non identifiable, symbole de tous ses compatriotes morts au combat, est choisi dans la précipitation entre le 8 et le 11 novembre 1920. De même, on décide au dernier moment de l'inhumer sous l'Arc de Triomphe et non au Panthéon – trop marqué à gauche. Sur proposition du journaliste Gabriel Boissy, lui-même mobilisé en 1914 et rescapé de la bataille de Verdun, une flamme viendra éclairer la sépulture aménagée sous l'arche du monument à compter du 11 novembre 1923. Depuis un siècle, celle-ci est ravivée chaque soir à 18 h 30.

BALS, DÉFILÉS ET MONÔMES

Pour oublier les souffrances passées et renouer avec des plaisirs simples, Paris s'étourdit de bals populaires sous les flonflons et les lampions. On danse dehors, dans les rues ou sur une place, mais aussi dans les arrière-salles de bistrots. C'est la grande époque du musette, un genre musical né de la rencontre entre la bourrée dansée traditionnelle et divers instruments tels que l'accordéon. On s'amuse également dans les guinguettes en bord de Seine.

Les défilés militaires connaissent un immense succès, à l'image de la grande parade sur les Champs-Élysées du 14 juillet 1919, rebaptisée « Défilé de la Victoire ». Celui de 1920 se déroule à l'hippodrome de Vincennes devant une foule considérable. Un peu plus tôt, cette année-là, les étudiants parisiens se sont rués en masse sur le boulevard Saint-Michel à l'occasion de la Mi-Carême, formant un immense cortège, ou monôme, qui occupait toute la largeur de la chaussée.

COURSES FARFELUES ET COMPÉTITIONS LOUFOQUES

Certains quartiers de Paris rivalisent d'imagination pour organiser leur course ou leur compétition, de préférence loufoque et pittoresque. Montmartre popularise son marathon des As de la picole, sponsorisé par les bistrots de la butte. Le défi ? Courir et avaler d'un trait un verre d'alcool pur tous les 100 mètres. À Montparnasse,

> PARIS S'ÉTOURDIT DE BALS POPULAIRES SOUS LES FLONFLONS ET LES LAMPIONS.

on ose une course sur les mains sans escale ni assistance jusqu'à Montmartre. Dans le quartier Pereire, le parking Banville est le théâtre d'un curieux événement : sa rampe à 10 % qui s'étire sur huit étages donne lieu à un rallye automobile vertigineux, au cours duquel les voitures abordent les virages à toute allure, avec pour seul rail de sécurité un empilement de sacs de sable. Enfin, on se prend à dévaler les escaliers de la tour Eiffel à vélo, à escalader les tours de Notre-Dame ou à franchir, suspendu à bout de bras au-dessus du vide, la passerelle de 65 mètres de long du parc des Buttes-Chaumont, qui enjambe le lac du même nom. En ces années 1920, tout est prétexte à l'excentricité et à la dérision. Pourvu qu'on ait l'ivresse de l'amusement ! ▪

FÊTES DE LA VICTOIRE
Foule réunie autour de l'Arc de Triomphe, 14 juillet 1919.

MONÔME ÉTUDIANT
Défilé festif pour Mardi gras, 1923.

LE CHAMPIONNAT DE LA VIE CHÈRE
Course festive dans les escaliers de Montmartre, 3 juin 1923.

RÉJOUISSANCES POPULAIRES
Goûter en plein air lors de la fête nationale sur le boulevard de Ménilmontant, 14 juillet 1920.

↑ **CÉLÉBRATION DES SERVICES DE VICTOR GIFFARD** — Le sauveteur en mer et patron du canot *Raoul-Guérin* de Dieppe reçoit les décorations militaires et civiles, rue de Bourgogne. Paris (VIIe arr.), **vers 1925.**

← **PLACE DENFERT-ROCHEREAU** — Anciens combattants réunis pour la cérémonie en l'honneur du Soldat inconnu. Paris (XIVe arr.), **11 novembre 1920.**

↑ **COMMÉMORATION DE LA PREMIÈRE BATAILLE DE LA MARNE** — Un ancien taxi de la Marne aux couleurs franco-américaines devant les appareils des photographes. Paris, vers 1925.

↑ **HOMMAGE AU SOLDAT INCONNU** — Flamme de l'Arc de Triomphe ravivée par les représentants de l'État français. Paris (VIIIe arr.), **vers 1925.**

← **FÊTE NATIONALE** — Défilé de l'infanterie près de l'Arc de Triomphe. Paris (VIIIe arr.), **14 juillet 1921.**

↑ **ARC DE TRIOMPHE** — Photographie prise depuis l'avenue des Champs-Élysées. Paris (VIIIe arr.), **vers 1925.**

FIX
2873-67
60 77-64

↑ **POLICIERS ÉLOIGNANT LES CURIEUX** — Foule de badauds devant un mariage insolite.
Paris, 1925-1926.

↑ **AFFRONTEMENT ENTRE ÉTUDIANTS ET POLICIERS** — Des étudiants en droit manifestent contre la candidature d'un professeur à la chaire de droit international. Paris (v^{e} arr.), **vers 1925.**

→ **POLICE À CHEVAL** — Agent assurant la circulation dans les rues de Paris, vers 1920.

VALS-SAINT-JEAN
VALS-SAINT-JEAN
A. CASAL & Cie
LA PORCHERIE FRANÇAISE
PROFITEZ des PLUS HAUTS COURS du CHANGE
pour RÉALISER vos BIJOUX
et SOUSCRIVEZ à L'EMPRUNT OR
ACHAT de BIJOUX

↑ **OFFICIELS DEVANT L'HÔTEL DE VILLE** — Le sultan du Maroc, Moulay Youssef, quitte l'hôtel de ville entouré d'un cortège militaire. Paris (IVe arr.), 1926.

↑ **VISITE OFFICIELLE** — Le président de la République tchèque Tomas Masaryk et le président de la République française Alexandre Millerand montent en voiture devant l'Élysée. Paris (VIIIe arr.), **1923.**

↓ **MANIFESTATION DU 1ER MAI** — Le personnel des transports bloque la circulation rue de la Pépinière. Paris (VIIIe arr.), **1er mai 1923.**

376

LIGNE 28 · MONTROU

→ **ARTICLES DE FÊTE** — Un marchand d'éventails propose ses produits à un chauffeur de taxi. Paris, **14 juillet 1921.**

CIRCULEZ !

Si les Parisiens rêvent de vitesse et d'aventures automobiles, ils découvrent aussi son corollaire peu enchanteur : circulation accrue, nuisances sonores et olfactives, ralentissements, accidents…

Le Paris des Années folles se convertit de plus en plus à l'automobile tandis que l'hippomobile jette ses derniers feux. Depuis janvier 1907, la réglementation a changé sur l'avenue des Champs-Élysées : la chaussée est réservée aux voitures, les bas-côtés à leur droite aux attelages à cheval. Dans les rues de la capitale, les automobilistes ont pris le pouvoir. Peu à peu, la densité de la circulation induit de nouveaux dangers. Les piétons sont priés de rester sur les trottoirs et, surtout, de lever la tête en traversant. Le flâneur devient une espèce en voie de disparition. L'opinion réclame des passages protégés. Les premiers apparaissent en 1925. Ils ne comportent nulle bande blanche, mais de gros clous de dix à quinze centimètres de diamètre enfoncés dans la chaussée en deux rangées perpendiculaires aux trottoirs.

1923, LE PREMIER FEU ROUGE

Sans être incessant, le flot des voitures grossit constamment, passant de 20 000 véhicules en 1919 à 300 000 en 1930. En vedette ? La Citroën 5 HP de 1922, une torpédo deux places au prix de 9 500 francs (11 500 euros actuels), produite à raison de 125 unités par jour et dont le constructeur assure dans ses réclames que « son prix d'achat réduit la met à la portée de tous ». À Paris, la circulation s'avère souvent erratique. Il faut parfois de longues minutes pour désengorger un carrefour. L'enchevêtrement des engins amuse toujours les badauds autant qu'il exaspère les Parisiens pressés, et la cacophonie des klaxons stridents avive les tensions. En 1924, l'architecte et urbaniste Le Corbusier soutient que la vitesse appropriée en ville est de 16 km/h, pas plus.

> « LA VITESSE APPROPRIÉE EN VILLE EST DE 16 KM/H. »
> Le Corbusier

Pour fluidifier ces déplacements, qui s'avèrent parfois anarchiques, la municipalité érige son premier feu sonore et lumineux – de couleur rouge – en mai 1923. Il prend place à l'angle des boulevards Saint-Denis et Sébastopol. C'est une révolution ! Mais il faudra attendre 1935 pour voir apparaître le fameux feu tricolore.

L'ENVOLÉE DU TAXI

Le fiacre n'est plus une institution parisienne. Comme le déplorent régulièrement les quotidiens, c'est la fin d'un monde fait de lenteur et de cahotements paisibles. La traction animale finira même par disparaître au début des années 1930. Au sortir de la Grande Guerre, les taxis-autos prolifèrent à Paris. Ce marché aiguise les appétits et, face à la puissante compagnie G7, qui a vu le jour en 1913, la concurrence s'organise. Citroën lance son propre service dédié avec, pour ses chauffeurs, une innovation largement enviée : ceux-ci prennent place désormais à l'intérieur de l'habitacle et non plus à l'extérieur, où ils subissaient les intempéries. Quant à Renault, l'éternel rival de Citroën, il rachète en 1927 la G7, à laquelle il fournissait déjà ses modèles, comme le mythique AG1, qui s'est illustré lors de la bataille de la Marne en septembre 1914.

LE RÈGNE DE L'AUTOBUS

Les Parisiens découvrent en parallèle les joies des autobus et des tramways, avec leurs arrêts prédéterminés et non plus à la demande. Mieux encore : ces moyens de transport collectifs ont la priorité sur la voie publique, ce qui augmente mécaniquement leur vitesse moyenne et, a contrario, réduit celle des véhicules particuliers. En 1905, les premiers autobus reliaient le Grand Palais à la Bourse, distante de moins de quatre kilomètres, en 22 minutes. Vingt ans plus tard, Paris tente l'expérience du bus express à 40 km/h… mais cette promesse de vitesse s'évapore dans les embouteillages. En 1929, il faut compter pas moins de 45 minutes pour rallier la Bastille depuis la Madeleine. ▪

PREMIER FEU
Installation d'une sinalisation électrique
au carrefour de Strasbourg – Saint-Denis, 1922.

TAXIMÈTRE
Mécanisme d'un compteur
de taxi, 1910.

SENS INTERDIT
Panneau lumineux
de sens interdit, 1922.

TAXI MONOPLACE
Véhicule Peugeot expérimenté
en ville, 1923.

GESTION DU TRAFIC
Agent de police assurant la circulation
à un carrefour, vers 1930.

CONFORTABLES AUTOBUS
Intérieur des nouveaux autobus
à deux plateformes, janvier 1927

↑ **UN AMÉRICAIN À PARIS** — Le réalisateur David Wark Griffith salue les photographes depuis son véhicule. Paris, **19 avril 1924.**

↑ **PLACE VENDÔME** — Un chauffeur de taxi renseigne une passante devant la colonne de Vendôme. Paris (1er arr.), **vers 1930.**

↑ **CIRCULATION PARISIENNE** — Un agent de police fait la circulation. Paris, **mai 1924.**

TABAC
65-14

↑ **TRAVAUX PUBLICS** — Ouvrier devant un groupe électrogène. Paris, 1923.

↑ **RUE MONTMARTRE** — Goudronnage de la rue sous le regard curieux des passants. Paris (1er arr.), **1920-1925.**

→ **AGENT DE POLICE** — L'agent Leclerc régule la circulation près de la porte Saint-Denis. Paris (xᵉ arr.), **vers 1925.**

↑ **VOITURE DE COURSE GRADE** — Un modèle F2 du constructeur automobile Grade garé place de la Concorde à l'issue d'un voyage publicitaire pour la marque entre Paris et Berlin. Paris (VIIIe arr.), **1926.**

↑ VÉHICULE ACCIDENTÉ — Foule de curieux rassemblée autour d'une automobile disloquée.
Paris, **1920-1925**.

↑ **DAMES DE FER** — Deuxième étage de la tour Eiffel. Paris (VIIe arr.), 1928.

← **ANCIEN PALAIS DU TROCADÉRO** — Vue depuis le pied de la tour Eiffel. Paris (VIIe arr.), 1925.

↑ **VÉHICULE BIPLACE** — Moto biplace Jumella, modèle brevetée par la société S.G.D.G. (3 rue du Havre), sur le Champ-de-Mars. Paris (VIIe arr.), **1922.**

→ **PEINTRES À L'OUVRAGE** — Cinquième campagne de réfection de la tour Eiffel. Paris (VIIe arr.), **8 juillet 1924.**

↑ **GRAND PRIX DE L'AÉRO-CLUB** — XIIe Grand Prix des ballons sphériques organisé par l'Aéro-Club de France au jardin des Tuileries. Paris (1er arr.), **13 mai 1923.**

← **DÉPART DE BALLONS** — Festivités dans le parc de Saint-Cloud. Hauts-de-Seine, **10 juillet 1920.**

↓ **VACANCES DE PENTECÔTE** — Départ des voyageurs dans une gare parisienne. Paris, **vers 1930.**

BUS OU MÉTRO ?

En ces années d'après-guerre, les transports publics parisiens sont en ébullition. L'autobus renaît, le métro se modernise et les trains de la Petite Ceinture souffrent de la concurrence. La banlieue devient peu à peu un prolongement de la capitale.

Tout comme le bus à impériale rouge londonien, le bus vert et crème parisien à plateforme arrière est emblématique des capitales européennes du XXe siècle. La première ligne, ouverte en juin 1906 entre Montmartre et Saint-Germain-des-Prés, fut un tel succès que l'essor de ce véhicule fut foudroyant, éclipsant bientôt le vieil omnibus à cheval.

RETOUR GAGNANT DES AUTOBUS

L'après-guerre marque le retour triomphal, quoique progressif, des autobus. Ceux-ci avaient en effet été retirés de la circulation et réquisitionnés par l'armée dès le premier jour de la guerre, en août 1914, afin d'acheminer plus rapidement les troupes vers le front. La paix revenue, les véhicules desservent en outre des itinéraires d'où le tramway est absent. Et pour la première fois, à partir de 1922, certains d'entre eux s'aventurent en banlieue.

Depuis janvier 1921, le paysage s'est simplifié : les six plus grandes compagnies de tramways et d'autobus ont fusionné au sein de la STCRP (Société des transports en commun de la région parisienne), ce qui permet de rationaliser les coûts d'entretien et du renouvellement du parc des véhicules. Le tramway vit ses dernières belles années avant de céder irrémédiablement le terrain à son concurrent sur roues. En 1929, tous les bus parisiens (Schneider, modèle H) sont dotés de pneumatiques pour le plus grand soulagement des voyageurs, jusque-là passablement secoués sur les pavés.

LE MÉTRO S'ÉTEND ET S'EMBELLIT

Longtemps, deux sociétés rivales se sont partagé le métro, inauguré en 1900 à la faveur de l'Exposition universelle : d'un côté, la Compagnie du chemin de fer métropolitain de Paris (CMP) et ses lignes horizontales ; de l'autre, la Société du chemin de fer électrique souterrain Nord-Sud de Paris et ses tronçons verticaux. La fusion des deux entités se produira en 1930, au profit de la CMP. Durant les années 1920, le réseau s'agrandit : deux lignes voient le jour (n°s 9 et 10), portant le total à douze, tandis que d'autres sont prolongées. Les usagers découvrent les premiers portillons automatiques de protection. Et puis, le métro accélère ! En 1928, l'intervalle minimum entre le passage de deux rames n'est plus que de 1 min 45 s, contre 2 min 30 s en 1923 et 3 min en 1900. Au cours des années 1907 et 1908, les rames en bois, dangereuses en cas de court-circuit, ont été remplacées par les rames Sprague-Thomson entièrement métalliques et plus puissantes : celles-ci sont vert olive (rouge en première classe) à la CMP ; bleu et gris (rouge et jaune en première) chez Nord-Sud.

> EN 1929, TOUS LES BUS PARISIENS SONT DOTÉS DE PNEUMATIQUES.

La nouveauté des Années folles, quant à elle, est à admirer non pas sous terre, mais en surface : le mât signalant l'entrée des stations exploitées par la CMP change en 1923. Apparaissent les candélabres de la fonderie d'art du Val d'Osne, reconnaissables à leur globe lumineux perché à quatre mètres de haut, surmontant un rectangle rouge portant l'inscription « MÉTRO » en blanc, le tout orné d'une frise en fer forgé peinte en vert.

LE DÉSAMOUR DE LA PETITE CEINTURE

Durant les Années folles, le réseau ferroviaire de la Petite Ceinture – ligne circulaire intra-muros en vigueur depuis les années 1860 – souffre de la présence de son rival souterrain. Le métro s'avère plus fiable, plus rapide, plus moderne et moins cher que le train à vapeur. De sorte que les Parisiens délaissent peu à peu ce mode de transport. En revanche, la Petite Ceinture tourne à plein régime pour le trafic de marchandises, très lucratif pour les compagnies privées.

Des six gares bâties durant la seconde moitié du XIXe siècle, la plus belle – celle du Nord, avec sa monumentale façade de pierre ornée de sculptures signée Jacques Hittorff – est aussi la plus fréquentée. En 1930, 180 000 personnes y transitent chaque jour. ▪

AUTOBUS À PLATEFORME
Véhicule complet en direction de la place de la Bastille, vers 1928.

ARRÊT DU LOUVRE
Des usagers attendent en direction du bois de Boulogne, 20 avril 1924.

GARE DE L'EST
Départ pour les vacances de Pâques, 16 avril 1927.

CHANTIER DU MÉTRO
Travaux de percement pour le prolongement de la ligne 7, 1928.

↑ **GARE SAINT-LAZARE** — Affluence à proximité de la voie 26. Paris (VIIIe arr.), vers 1925.

↑ **AIDE À L'EMBARQUEMENT** — Quai de la gare Saint-Lazare. Paris (VIIIe arr.), vers 1928.

↑ **GRÈVE DES TRANSPORTS** — Des militaires patrouillent gare Saint-Lazare pendant une grève des transports. Paris (VIIIe arr.), 1920.

↑ **BARBÈS-ROCHECHOUART** — Les usagers patientent sur le quai du métro.
Paris (XVIIIe arr.), **vers 1920.**

← **AFFLUENCE GARE SAINT-LAZARE** — Train de banlieue pris d'assaut lors d'une grève des cheminots.
Paris (VIIIe arr.), **1er mars 1920.**

→ **DÉPÔT DE LA CHAPELLE** — En grève, une foule de cheminots attend l'ouverture des portes du dépôt des locomotives près de la gare du Nord. Paris (XVIIIe arr.), **1er mars 1920.**

DEFENSE-
D'AFFICHER
P.L.M.
TRACTION.
DÉPÔT PARIS
DEFENSE-
D'AFFICHER

↑ **COMMERÇANT DE QUARTIER** — Étal de fruits et légumes. Paris, 1928.

→ **PRIMEUR** — Réception d'un régime de bananes. Paris, janvier 1924.

PRIMEURS

PRIX de VENTE
Au Choix 3f
Au Choix 2f 50

← **LIONNE EXPOSÉE RUE MONTORGUEIL** — Un marchand de volailles pose aux côtés d'une lionne qui, gravement blessée, a dû être abattue par son dompteur. Paris (IIe arr.), **23 mars 1920.**

↑ **PETITS COMMERÇANTS** — Marchands ambulants et commerce de bouche à l'angle des rues Mouffetard et Daubenton. Paris (v^{e} arr.), 1925-1930.

↑ **JEUNES ORPHELINS** — Un commerçant devant son magasin entouré des quatre enfants qu'il vient d'adopter. Paris, **10 février 1924.**

↓ **MARRONS CHAUDS** — Un jeune groom achète des marrons grillés à un marchand posté devant un bar. Paris, **1925-1930.**

Worthington
EN BOUTEILLE
ICI ON LIT
AFFICHES
WHI
Le ½ Kilo
2 50

ZIMMERM
ICI ON LIT
PETITES-AF

44
VINS LIQUEURS ציון de SION
46
VINS & LIQUEURS
ציון
DE SION

← **VINS ET LIQUEURS** — Des passants posent devant un commerce de boissons de la rue des Rosiers, dans le quartier juif. Paris (IVe arr.), **1920-1925.**

↑ **CONCOURS AGRICOLE DE PARIS** — Arrivée des éleveurs de bovins avec leur bétail. Paris, **juin 1923.**

↑ **CRÈME DE GRUYÈRE** — Des agents commerciaux posent devant une affiche publicitaire pour du fromage Graf. Paris, **1920-1925.**

↓ **APRÈS LE MARCHÉ** — Vue intérieure des halles centrales en cours de nettoyage. Paris (1er arr.), **vers 1920.**

ENTREPOT
FRIGORIFIQ

NTREPOT
FRIGORIFIQUE

LA VIE CHÈRE

La fin de la guerre ne signifie pas tout de suite le retour de l'allégresse. Au début des années 1920, les prix de détail flambent à Paris. La vie chère affecte surtout les classes populaires, qui consacrent jusqu'à 60 % de leur budget à la nourriture.

La vie quotidienne des Parisiens – 2,87 millions en 1926 – est loin d'être une fête permanente. Le croissant, la banane, l'orange ou la tablette de chocolat au lait sont, pour beaucoup, des produits inaccessibles. Les logements restent exigus, spartiates et peu voire non chauffés. En 1927, seulement 50 % des appartements sont éclairés à l'électricité.

LES HALLES, UNE VILLE DANS LA VILLE

Depuis qu'Émile Zola s'est livré à une radioscopie du monde des Halles dans *Le Ventre de Paris* en 1873, plus personne n'ignore l'activité débordante et les personnages pittoresques qui animent le cœur de Paris. Les commissionnaires (grossistes) et les « forts des Halles », manutentionnaires agréés par la préfecture de police et reconnaissables à leur large chapeau en cuir jaune muni d'une calotte de plomb, font partie du folklore. Les restaurants, les cafés et les prostituées profitent de la vie agitée de ce quartier dominé par son immense marché couvert.

Les Halles, ce sont les dix pavillons Baltard en fer et verre, du nom de leur architecte, Victor Baltard, édifiés sous le Second Empire. Dès la fin de la Grande Guerre, on parle de les démolir, faute de surface, pour les reconstruire ailleurs, notamment sur l'ancien tracé des fortifications d'Adolphe Thiers. À cette fin, on lance un concours en 1929, auquel la Ville de Paris ne donnera pas suite. Au contraire, on ajoutera deux pavillons, achevés en 1948. Tous portent un numéro officiel, mais chacun d'eux jouit de son appellation en fonction des denrées que l'on y vend : le n° 3 ? La Boucherie. Le n° 7 ? Les Fruits et les Fleurs. Le n° 8 ? Les Légumes. Le n° 9 ? La Marée. Et le n° 11 ? La Vallée, où s'écoulent la volaille et le gibier. Sur les larges trottoirs bordant les pavillons – que l'on nomme dans le jargon local « le carreau » – s'agglutinent quantité de marchands en tout genre, avec des parapluies pour seuls abris. Ces derniers réservent leurs emplacements à la semaine et doivent verser le « loyer » d'avance.

SUR LES LARGES TROTTOIRS BORDANT LES PAVILLONS DES HALLES S'AGGLUTINENT QUANTITÉ DE MARCHANDS EN TOUT GENRE.

AVANT L'ARRIVÉE DES PRISUNIC

Paris fourmille de métiers aujourd'hui disparus. On ne résiste pas à cet inventaire à la Prévert où l'on peut croiser, pêle-mêle, un cireur de bottes, un ramasseur de mégots, une marchande des quatre-saisons, une blanchisseuse, une bouquetière, un vitrier, un rempailleur de chaises ou encore un rémouleur. De leur côté, les petits commerçants vivent leurs dernières années de monopole sur leur clientèle de quartier avant l'irruption, en décembre 1931, du premier magasin Prisunic, fort de ses prix uniques modiques.

AUTO-THERMOS ET ASPIRON

Les années 1920 marquent un tournant pour les arts ménagers, lesquels tiennent leur premier salon sur le Champ-de-Mars en octobre 1923. Les inventeurs et les industriels veulent faciliter la vie domestique des Françaises. En 1927 arrive sur le marché l'Auto-Thermos, la première marmite à pression de l'histoire : l'appareil sorti des Ateliers de Boulogne cuit les aliments à 115 °C en quelques minutes à peine. L'année suivante, c'est au tour de l'aspirateur Aspiron de faire sensation. Ce modèle, équipé d'un sac à poussière logé dans un seau, présente cependant un inconvénient majeur : il pèse 36 kilos. En 1929 apparaissent les premières machines à laver automatiques à tambour vertical avec essorage intégré de fabrication française. Autant dire une petite révolution dans les foyers. ▪

HALLES CENTRALES DE PARIS
Les employés venant récupérer leur paye, 1923-1924.

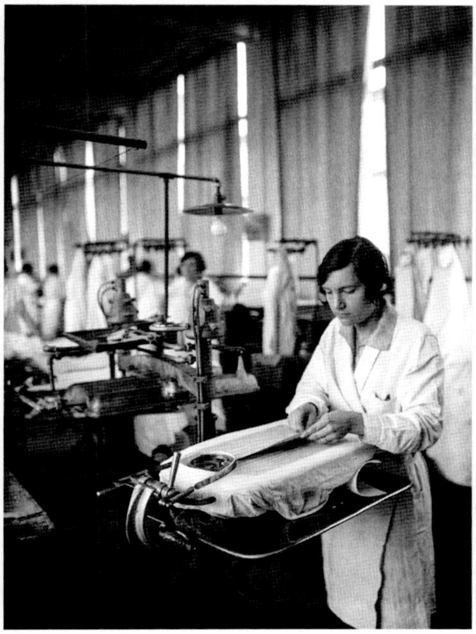

PRESSE À CHEMISES
Employées de la Grande Blanchisserie de Paris, vers 1930.

MARCHANDE DE FLEURS
Commerçante ambulante devant une station de métro de la ligne Nord-Sud, 1926.

ASPIRATEUR
Modèle électrique Birum, 1927.

CUEILLEUR D'ORPHELINS
Surnom donné aux ramasseurs de mégots de cigarettes et de cigares, vers 1900.

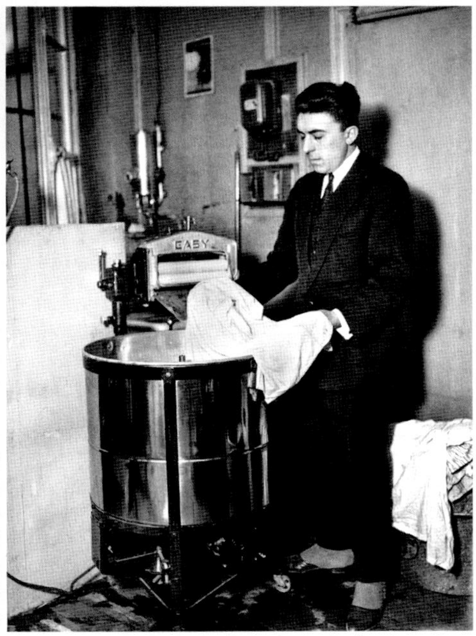

MACHINE À LAVER LE LINGE
Modèle électrique Easy, 1925.

↑ **MARCHÉ DES HALLES** — Vue des halles centrales et des marchands ambulants à l'angle des rues des Halles et Berger. Paris (1er arr.), 1934.

→ **LIVRAISON DE BOURRICHES** — Un chariot de marchandises équipé d'un klaxon circule à proximité du marché des Halles. Paris (1er arr.), 1923.

CH. AUBER
13

↑ **SAISON DES CERISES** — Une marchande devant son chariot chargé de cerises. Paris, **5 juin 1920.**

← **ARRIVÉES DES CAROTTES** — Des manutentionnaires déchargent des légumes qui seront vendus au marché des Halles. Paris (1er arr.), **1931-1934.**

→ **EFFERVESCENCE COMMERÇANTE** — Les marchands ont envahi la rue du Pont-Neuf en bordure du marché des Halles. Paris (Ier arr.), **1931.**

↓ **MARCHÉ AUX FLEURS** — Un fleuriste et ses clients sur le quai aux Fleurs non loin de la Conciergerie. Paris (IVe arr.), **mardi 16 août 1921.**

↑ **PETITS MÉTIERS** — Rempailleuse proposant ses services pour des travaux de cannage et couturière confectionnant des chaussons pour enfant. Paris, vers 1925.

↑ **MARCHANDE DES QUATRE-SAISONS** — Une passante achète des fruits et légumes à une vendeuse ambulante de la rue Saint-Honoré. Paris (Ier arr.), 1926.

↓ **CHANTIER RUE MONTMARTRE** — Passants et commerçants cohabitent avec les travaux en cours rue Montmartre. Paris (IIe arr.), 1925.

MATHILDE
PHARMACIE CENTRALE DES
RESTAURANT
CINÉ MAX LINDER
La Porte Montmartre
MONTMARTRE
APRÈS le SPECTACLE
BAR
SOUPERS
DANCING
TOUTE LA NUIT
CAFÉ
BIARD
10c
LA TASSE
LA TASSE

CHAPELLERIE
TROIS-SIX
BOULEVARDS
PHARMACIE
OUVERTE
TOUTE LA NUIT
TÉLÉPHONE
CHAPELLERIE
TROIS-SIX
CHAPELLERIE
CHAPELLERIE

↑ **CIRCULATION** — Bus, piétons et automobiles se partagent la chaussée. Paris, vers 1928.

↑ **TERRASSE DE CAFÉ** — Vue plongeante sur une terrasse de café très fréquentée. Paris, **vers 1925.**

À TABLE

Cafés, restaurants et brasseries connaissent un foisonnement spectaculaire. On y célèbre tout autant l'art de vivre à la parisienne qu'une insouciance retrouvée après la Grande Guerre.

Bon nombre de brasseries parisiennes sont nées à la fin du XIXe siècle. Toutes ou presque ont adopté une formule similaire : une vaste salle au décor chargé, une carte mêlant fruits de mer et viande de bœuf maturée, des frites et de la choucroute à toute heure, le tout accompagné d'un service rapide, soigné, par une armée de garçons en noir et blanc. Néanmoins, dans ce paysage gastronomique balisé subsistent çà et là des exceptions, tels les « bouillons » Chartier et Rougeot : des cantines populaires avec entrée, plat, dessert et vin deux fois moins cher, qui rencontrent un succès inégalé.

ELLES SONT QUATRE À SE PARTAGER LA TÊTE D'AFFICHE : LA COUPOLE, LA ROTONDE, LE DÔME ET LE SELECT.

LA BANDE DES QUATRE DE MONTPARNASSE

Elles sont quatre à se partager les faveurs des gourmands et des fêtards dans le Montparnasse vibrionnant de l'après-guerre : La Coupole, La Rotonde, Le Dôme et Le Select. Quatre brasseries, toutes situées à quelques dizaines de mètres les unes des autres sur le boulevard du Montparnasse, autour du carrefour Vavin. Chacune a sa spécificité et chacune s'offre à la fois comme un restaurant, un bar et un grand café. Pour l'inauguration de La Coupole, qui a lieu le 20 décembre 1927, Ernest Fraux et ses 400 employés ne prévoient pas moins de 1 500 bouteilles de champagne Cordon-Rouge pour 2 500 invités, ainsi que 10 000 canapés, 3 000 œufs durs et quelques 800 gâteaux… des quantités qui s'avéreront nettement insuffisantes ! Ouvert en 1923, Le Select est le repère des Américains de la « génération perdue » et le premier établissement à demeurer ouvert toute la nuit. Célèbre pour son enseigne lumineuse, La Rotonde, qui a racheté sa voisine, Le Parnasse, en 1924, se veut toujours le refuge des peintres et des écrivains, cependant que Le Dôme, la plus ancienne, tente de préserver son statut de lieu chic et intellectuel dans son splendide écrin Art déco.

LES GARÇONS DE CAFÉ CÉLÉBRÉS

La course annuelle des garçons de cafés devient une « classique » après-guerre. Devant un public considérable massé tout le long du parcours d'une dizaine de kilomètres et dans une ambiance bon enfant, une centaine de serveurs en uniforme (chemise blanche, habit noir, long tablier blanc), un torchon sur le bras, tiennent stoïquement un plateau surmonté de deux verres et d'une bouteille d'alcool. À l'époque, il est interdit de courir. Les concurrents, d'authentiques serveurs en poste, doivent simuler leurs conditions de travail : marcher vite sans rien renverser.

LES AMÉRICAINS CHEZ PRUNIER, LES SURRÉALISTES À LA CLOSERIE

On se délecte chez Prunier, avenue Victor-Hugo dans le XVIe arrondissement, à l'angle de la rue de Traktir. En 1924, ce haut lieu du caviar à la française et des fruits de mer est rénové par le célèbre maître verrier Auguste Labouret, qui signe un décor flamboyant consacré à la mer. Avec ses verres dépolis, ses tables en mosaïque et ses marqueteries, l'intérieur se révèle comme un pur joyau de l'Art déco, fréquenté par les « Américains » Francis Scott Fitzgerald, Henry Miller ou Ernest Hemingway, et cité par Marcel Proust dans le cinquième tome d'*À la recherche du temps perdu.*

Si l'on est d'humeur taquine et festive, il faut se rendre à la Closerie des Lilas, 171 boulevard du Montparnasse, où les surréalistes – André Breton, Robert Desnos, Max Ernst, Philippe Soupault, Michel Leiris, Jacques Baron, etc. – déclenche parfois des bagarres mémorables, saccageant le mobilier sous l'œil goguenard de Hemingway et Fitzgerald. Le banquet du 2 juillet 1925, donné en l'honneur du poète Saint-Pol-Roux restera dans les mémoires pour la vigueur de son échauffourée entre artistes, public et policiers. ▪

LA COUPOLE
Brasserie mythique de l'entre-deux-guerres inaugurée en 1927 au 102 du boulevard du Montparnasse, vers 1930.

HUÎTRES ET ESCARGOTS
Étal et écailler devant le restaurant du Havre près de la gare Saint-Lazare, 1926.

GRAND BOUILLON CHARTIER
Employés du restaurant devant le bouillon du 7 rue Gozlin, vers 1910.

LE CAFÉ DU DÔME
Établissement fréquenté par les artistes depuis le début du siècle, situé au numéro 108 du boulevard du Montparnasse, vers 1925.

↑ **COURSE DES GARÇONS DE CAFÉ** — Les participants se présentent rue Rougemont avant le départ de la course annuelle. Paris (IXe arr.), **vers 1920.**

STAURANT
·14·
TRÉE DU
BUVEZ
PARIS SPORT
Apéritif français

↑ **PORTRAIT DE BURALISTES** — Café-bureau de tabac avec son comptoir et ses paquets de tabac. Paris, **années 1920.**

↑ **CLUB DES CENT KILOS** — Membres du club devant leur quartier général : le restaurant Aux Cent Kilos au 2 rue de la Folie-Méricourt. Paris (XIe arr.), **16 août 1921.**

↑ **COUPLE DANS UN CAFÉ** — Sur la table, deux verres et un siphon à eau de Seltz. France, **vers 1930.**

→ **FÊTE NATIONALE À MONTMARTRE** — Soirée sur la place du Tertre. Paris (XVIIIe arr.), **14 juillet 1923.**

VINS
TÉLÉPHONE
DE LA PLACE

↑ **FÊTE DU PRINTEMPS** — Bal organisé aux Invalides par un groupe des cosaques russes. Paris (VIIe arr.), **vers 1925.**

→ **CHARLESTON** — Un couple fait une démonstration de danse. Paris, **vers 1925.**

↑ **CHEZ MAXIM'S** — Réveillon du Nouvel An dans le célèbre restaurant de la rue Royale. Paris (VIIIe arr.), 31 décembre 1925.

PARIS EST UNE FÊTE

Sous le ciel étoilé parisien, de vingt heures à l'aube, riches et moins riches savourent tout autant la paix revenue que la prospérité retrouvée. On danse, on boit, on rit, on s'étourdit de plaisirs longtemps interdits.

À cette époque, Paris est une fête comme le clame le titre de l'ouvrage posthume d'Ernest Hemingway, qu'il a rédigé à partir de notes prises durant son séjour à Paris dans les années 1920 et oubliées pendant des années dans une malle Vuitton abandonnée au Ritz.

TOUS À MONTPARNASSE

De la Belle Époque aux Années folles, la nuit parisienne change de rive. Après-guerre, les noctambules traversent la Seine. Ils délaissent la butte Montmartre pour Montparnasse, quitte à s'offrir en chemin une halte sur les Champs-Élysées ou les grands boulevards. Artistes et intellectuels, étrangers de passage, désœuvrés décadents et héritiers ruinés, étudiants sans le sou, nantis bien nés et femmes du monde, tous se retrouvent dans un périmètre de quelques hectomètres carrés autour du boulevard Montparnasse. « Nous connûmes à Montparnasse une agitation qui tenait du déluge, du grand siècle et de la fin du monde, comme si tout avait pu survenir en même temps », observe l'écrivain et poète Léon-Paul Fargue.

PARIS DANSE

On danse tout le temps et sur tous les tempos, même le dimanche. On danse dans les *tea-rooms*, dans les lobbies des casinos, aux surprises-parties données par les gens de la haute, aux entractes des pièces de théâtre, ou dans les foyers des Bouffes-Parisiens, de Marigny et d'Édouard-VII. Au Casino de Paris, aux Folies-Bergère, à L'Olympia, les portes s'ouvrent dès vingt heures pour que les spectateurs se trémoussent en attendant le lever du rideau. Le rez-de-chaussée du Palais-Royal est reconverti en salle de bal, tandis que L'Alcazar ôte ses fauteuils pour se transformer en dancing. Au sous-sol de La Coupole, un bal antillais déchaîne les passions et se pose en rival du Bal Nègre du 33 de la rue Blomet (xve arr.), où une sculpturale Américaine nommée Joséphine Baker fait tourner les têtes sur un air de saxophone de Sidney Bechet.

CHARLESTON, SHIMMY ET JAVA

Venues des États-Unis et d'Amérique du Sud, de nouvelles danses séduisent les Parisiennes et les Parisiens, trop longtemps privés de ce plaisir coupable durant la Grande Guerre. La vedette des dancings ? Le charleston, popularisé en 1925 dans la capitale par le duo composé de Annette Mills et Robert Sielle, qui triomphe sur la scène du Claridge (74 avenue des Champs-Élysées). L'homme et la femme évoluent face à face ou côte à côte, sans se toucher, pieds tournés tantôt vers l'intérieur, tantôt vers l'extérieur, mains tendues, genoux fléchis, épaules tressautantes. On n'a encore jamais vu ça dans les salons. Cette danse syncopée, porteuse de l'imaginaire de l'époque, est devenue depuis le symbole des Années folles.

D'autres préfèrent le fox-trot, reconnaissable à sa succession de pas marchés, rapides ou lents, ou bien le tango, si sensuel avec ses croisements de jambes et ses corps enlacés. Il est si difficile à appréhender qu'on le surnomme « la danse des as ». Les plus remuants se lancent dans le shimmy dès l'été 1920, au Ba-Ta-Clan, avant que la salle du boulevard Voltaire (xie arr.) ne se transforme en cinéma en 1926. Il s'agit d'une danse endiablée, presque frénétique, où le buste se contorsionne en tous sens sur un rythme trépidant de jazz. En 1925, en réaction à la valse bourgeoise guindée, des accordéonistes de la rue de Lappe (xie arr.) inventent la java. De loin, on dirait que les danseurs se dandinent comme des canards. L'homme a souvent les mains plaquées sur les fesses de la femme, laquelle enlace le cou de son partenaire. ▪

> ON DANSE TOUT LE TEMPS ET SUR TOUS LES TEMPOS, MÊME LE DIMANCHE.

JOSÉPHINE BAKER
Artiste de music-hall complète, elle est chanteuse, danseuse, actrice et meneuse de revue, vers 1920.

→ **RÉPÉTITION DU SPARK'S BALLET** — Danseuses sous la direction d'Ernest Funke sur la scène du cabaret Concert Mayol, rue de l'Échiquier. Paris (x^e arr.), vers 1925.

↑ **NUMÉRO DES DOLLY SISTERS** — Le duo de danseuses américaines en écuyères pour la fête de l'Union des artistes. Paris, **6 mars 1926.**

↑ **AUTO-RÉCLAME** — Voiture publicitaire pour le Moulin-Rouge. Paris, 1926.

↓ **LE MOULIN-ROUGE** — Le célèbre cabaret parisien de la place Blanche. Paris (XVIIIᵉ arr.), vers 1925.

MOULIN ROUGE
LA GRANDE REVUE
50
200 ARTISTES
MOULIN ROUGE
MUSIC-HALL
LA GRANDE REVUE
MIEUX QU
TIC-TAC
TIC
TAC
LE PHOTOGRAPHE FELIX BONNET APRÈS LA PALISSADE
AVENIR-PUBLICITÉ
THEATRE DE PARIS
MOULIN ROUGE MUSIC-HALL

BAL
MOULIN ROUGE
BAL du Moulin Rouge
QUADRILLE
FRENCH CANCAN
ENTREE
MATINÉE
Au Pays du Sphinx
1215-G2

↑ **RÉCLAME ET TABLEAUX** — Publicité pour la marque Ripolin et exposition de tableaux rue Viollet-le-Duc. Paris (IXe arr.), **vers 1925.**

→ **FRIANDISES AMÉRICAINES** — Un vendeur de pop-corn propose des sachets à 50 centimes l'unité. Paris, 1922.

BOCK
20
3
PION
Pop-Corn

↑ **THÉÂTRE DE LA RENAISSANCE** — À l'affiche, *La Madone des Sleepings*, d'après le roman éponyme de Maurice Dekobra. Paris (IXe arr.), **vers 1925**.

→ **GAUMONT-PALACE** — À l'affiche, *C'est une gamine charmante* (*The Patsy*), film muet américain réalisé par King Vidor avec l'actrice Marion Davies. Paris (XVIIIe arr.), **1928**.

Gaumont-Palace
L'HIPPODROME
LE PLUS GRAND CINEMA DU MONDE
C'EST UNE GAMINE CHARMANTE
LA PLUS VASTE SALLE DE SPECTACLE
MARION DAVIES
C'EST UNE GAMINE CHARMANTE
MARION DAVIES
OUVERTURE DES PORTES 13h30
MATINÉE 2h30
OUVERTURE DES PORTES 13h30
TOUS LES JOURS MATINÉE

← **RÉCLAME** — Chariot muni d'un réservoir d'eau qui dépose un slogan publicitaire sur le trottoir. Paris, 1922.

PHOTO-PLAIT
LES MEILLEURS APPAREILS
37, Rue Lafayette
CATALOGUE GRATUIT
Guides Bleus
Clairs
Complets
Pratiques
Les
Grands Guides Françа
Librairie Hachette
É LIPTON
SWAN
RÉSERVOIR
10.
BOUILLON
UNLIGHT
FANTASIO
CARNET
LA VIE PARISIENNE
Omnia
LES MODES
EUROPE
NOUVELLE
AGRICULTURE
NOUVELLE
BRODERIE
BLANCHE
ciné-
SPORTING

↑ **COLONNE MORRIS ET AUTOMOBILE** — Avenue des Champs-Élysées et Arc de Triomphe à l'arrière-plan. Paris (VIIIe arr.), **1926.**

← **KIOSQUE À JOURNAUX** — Joseph Finet, ancien cuirassier de Reichshoffen, dans son kiosque à journaux au 2 avenue de Friedland. Paris (VIIIe arr.), **21 août 1920.**

À LA UNE CE SOIR

Tout s'accélère après-guerre : si la presse demeure ultrapuissante, la radio s'immisce peu à peu dans la vie quotidienne. C'est l'époque du poste TSF que l'on vient écouter au café en bas de chez soi.

Les Parisiennes et les Parisiens sont gâtés : pas moins de cinq grands quotidiens à gros tirage se partagent le marché de l'information, laquelle semble déclinée partout de la même façon : *Le Petit Parisien, Le Petit Journal, Le Journal, Le Matin* et *L'Écho de Paris.* En 1928, un sixième acteur tente de se faire une place au soleil : *L'Ami du peuple*, un titre racoleur, xénophobe, antisémite et démagogique, dont le propriétaire n'est autre que le parfumeur et milliardaire François Coty, par ailleurs actionnaire principal du *Figaro.* Vendu deux sous, contre cinq pour ses concurrents, *L'Ami du peuple*, installé rue Drouot, ne tarde pas à percer, atteignant les 700 000 exemplaires par jour dès sa première année et même un million en 1930, avant de s'effondrer à partir de 1935.

LA PIEUVRE VERTE

En 1914, la Librairie Hachette rachète le fonds de la maison Hetzel, éditrice du *Vingt mille lieues sous les mers* de Jules Verne et de nombreux titres qui viendront alimenter la fameuse collection jeunesse Bibliothèque verte. Cette opération ainsi que sa présence tentaculaire valent à la Librairie Hachette le surnom de « pieuvre verte ». En effet, presque un siècle après sa création par Louis Hachette, la société est en situation de quasi-monopole, puisqu'elle distribue à la fois la presse et les livres. Elle entre d'ailleurs en bourse en 1922, grâce à l'appui de la Banque de Paris et des Pays-Bas (future Paribas).

L'ENVOLÉE DE LA PRESSE MAGAZINE

Dans les années 1920, la presse magazine poursuit son opération séduction auprès du grand public : les titres montent en gamme grâce à de plus belles photographies, un papier de meilleure qualité et un format plus attrayant, plus spectaculaire. On apprend à feuilleter avant de lire. On est happé par les images. On se plonge dans tel ou tel article pour se divertir, et non plus seulement pour s'informer. Déclinaison du vénérable *The Illustrated London News* fondé en 1842, *L'Illustration* voit le jour un an après et devient le premier magazine français et même mondial au début du XXe siècle. En 1929, son tirage avoisine les 600 000 exemplaires. Avec ses mensurations imposantes – 40 × 30 cm –, l'hebdomadaire de grand reportage ne passe pas inaperçu. Durant l'entre-deux-guerres, la revue sort ses premiers hors-séries – diffusés plus tard dans 150 pays – puis, en 1922, son premier mensuel féminin, *Le Jardin des modes*, qui fait la part belle aux recettes de cuisine, aux patrons de couture et à toutes les avant-gardes artistiques. En mars 1928, le créateur du *Jardin des modes*, Lucien Vogel, lance *VU*, un nouveau titre d'actualité truffé de photos, dans l'esprit des magazines allemands comme *Berliner Illustrierte Zeitung* et *Bilder Courier*, ou du suisse *L'Illustré.* Son initiative marque le début du photojournalisme à la française, grâce aux contributions de photographes de renom tels que Brassaï, Man Ray ou Robert Capa.

1922 : LES PARISIENS PRENNENT L'HABITUDE DE SE BRANCHER SUR LA STATION RADIO TOUR EIFFEL.

À L'ÈRE DE LA TSF

Les Années folles sont celles de la TSF, la télégraphie sans fil. Les ménages français s'équipent peu à peu de récepteurs quand d'autres, plus débrouillards, parviennent à fabriquer leur propre poste à l'aide de revues spécialisées. Si bien que le nombre d'appareils est multiplié par 12,5 en sept ans, entre 1922 et 1929. Bientôt, la TSF devient le socle des émotions collectives. Les événements sportifs, culturels et politiques sont retransmis et commentés avec verve et passion. On écoute religieusement la radio au café, dans les salles de spectacle ou même dans la rue. Dès 1922, les Parisiens prennent l'habitude de se brancher sur la station Radio Tour Eiffel, la première à émettre régulièrement. Et à partir de 1924, Radio Paris diffuse chaque soir un concert en direct. ▪

HAUT-PARLEUR DIFFUSANT LA RADIO

Foule réunie sur le boulevard Poissonnière devant les locaux du journal *Le Matin*, 1925.

ÉVENTAIRE DE PRESSE

Client consultant les journaux du jour, vers 1925.

ARRIVÉE DU PAPIER

Les rouleaux de papier arrivent à l'imprimerie du journal *Le Matin*, 1925.

PREMIER JOURNAL PARLÉ

Un speaker au micro s'adresse aux auditeurs depuis l'émetteur de la tour Eiffel, 1925.

DÉBUT DE LA TSF

Haut-parleur de poste de télégraphie sans fil, 1925.

SALLE D'ÉMISSION DE LA TSF

M. et Mme Garcia au poste de Radiola, premier émetteur de radio privé français, vers 1922.

↑ **AUTOMOBILISTES DEVANT LE PAVILLON DE ROHAN** — Passage entre la rue de Rivoli et la cour du Carrousel du Louvre. Paris (1er arr.), **23 février 1920.**

→ **COLLEUR D'AFFICHES DEVANT LE PAVILLON DE MARSAN** — Campagne pour l'emprunt national en faveur de la reconstruction du pays sur la façade du ministère des Finances, côté rue de Rivoli. Paris (1er arr.), **23 février 1920.**

EMPRUNT NATIONAL
SOCIÉTÉ GÉNÉRALE
EMPRUNT NATIONAL 5%
EMIS à 100 fr.
REMBOURSABLE à 150 fr.
EXEMPT D'IMPÔTS
LES SOUSCRIPTIONS SONT REÇUES À LA
SOCIÉTÉ GÉNÉRALE
AU SIÈGE SOCIAL A PARIS
29 Boulevard Haussmann
ET DANS TOUTES SES AGENCES
Emprunt Français 1920
BANQUE DE LA SEINE
EMPRUNT NATIONAL 1920
EMPRUNT NATIONAL
SOCIÉTÉ GÉNÉRALE
EMPRUNT NATIONAL 1920
POUR FORCER UNE FRANCE PUISSANTE
EMPRUNT NATIONAL 1920
1920
EMPRUNT NATIONAL

→ **HÔTEL DU LOUVRE SOUS LA NEIGE** — Une vague de froid inattendue s'abat sur la ville au début du printemps (1er arr.). Paris, **22 mars 1922.**

LOUVR
HOTEL DU LOU

↑ **TEMPÊTE DE NEIGE** — La station de métro Porte de Versailles sous le blizzard.
Paris (xve arr.), **hiver 1920.**

← **PARVIS DE L'HÔTEL DE VILLE** — Des passants sous la neige devant la mairie de Paris.
La cathédrale Notre-Dame est visible à l'arrière-plan.
Paris (ive arr.), **22 mars 1922.**

↑ **BATAILLE DE BOULES DE NEIGE** — Écoliers au jardin du Luxembourg. Paris (VIe arr.), **hiver 1929.**

↑ **CHEZ LE COMMISSAIRE** — Accueil desservant le bureau du commissaire. Paris, **mai 1926**.

← **INTÉRIEUR D'UN COMMISSARIAT** — Agents de police réunis dans une des salles du commissariat. Paris, **1926**.

→ **CENTRAL TÉLÉPHONIQUE** — Une opératrice au travail. Paris, 1925.

AU BUREAU

La fin des hostilités marque le retour de la prospérité. Le revenu national ne cesse de grimper durant les années 1920 grâce à l'envolée de la production industrielle. Le secteur tertiaire progresse, lui aussi.

Le travail de bureau à Paris prend ses aises. Des immeubles spécifiques voient le jour, avec des espaces uniformes, éclairés par de grandes baies vitrées et chauffés au calorifère. Déjà, les étages élevés sont réservés à la direction, tandis que les rez-de-chaussée sont peuplés de dactylos aux machines à écrire bruyantes, de marque Contin-Souza ou Celtic. Les cadres, eux, ont droit à des bureaux fermés. Le mobilier en métal de la marque Strafor (1926) s'impose bientôt comme la référence du genre.

SPÉCIALISATION ET JOURNÉE DE 8 HEURES

Si la France des années 1920 demeure profondément rurale et agricole, le pays s'ouvre aux évolutions industrielles venues des États-Unis. Dès 1919, André Citroën inaugure des chaînes de montage comme celles qu'il a découvertes chez Ford à Detroit. Louis Renault l'imite en 1922. Dans les petits ateliers et les usines apparaît un nouveau type d'ouvrier : l'OS ou ouvrier spécialisé. Formé en quelques jours sur le tas, il est chargé de manœuvrer ou de surveiller une machine.

Certes, on est encore bien loin des 40 heures hebdomadaires obtenues en 1936 avec le Front populaire, toutefois la loi du 23 avril 1919 instaure la « journée de huit heures », c'est-à-dire 48 heures de travail dans la semaine. Cette petite révolution permet aux ouvriers de bénéficier d'un jour complet de repos, le dimanche, et ce, sans diminution de salaire.

À L'ASSAUT DES BASTIONS MASCULINS

La Grande Guerre a changé les mentalités : les hommes partis se battre sur le front, les femmes ont pris la relève à l'arrière. Elles ont travaillé dans les champs, les usines, les hôpitaux… De sorte qu'elles ont fini par tenir un rôle inédit dans la sphère sociale. Le long combat pour l'égalité entre les sexes s'honore de quelques avancées significatives après l'armistice. Les femmes accèdent désormais plus qu'auparavant à des secteurs très masculins, qui leur ont longtemps été fermés : la mécanique, la chimie, la métallurgie, les banques, les professions libérales ou… les services publics. Ces progrès sociétaux se heurtent encore à des préjugés tenaces : pour beaucoup de Français, le travail féminin reste transitoire et accessoire. Autrement dit, une jeune femme doit souvent tout arrêter lorsqu'elle se marie. En 1925, il est toujours malvenu pour un chef de service de la Ville de Paris de désigner une femme au poste de cheffe ou sous-cheffe de bureau !

LA BANQUIÈRE DES ANNÉES FOLLES

Romy Schneider l'a immortalisée au cinéma dans *La Banquière* de Francis Girod, en 1980 : avec son chapeau cloche, son turban à aigrettes et ses froufrous, son charme et son énergie, l'actrice a fait de Marthe Hanau – la figure historique dont s'inspire le film – un symbole de son époque. Celle que l'on surnomme la Banquière des Années folles n'était certes pas aussi séduisante que son incarnation à l'écran. Cependant, la véritable Marthe Hanau était une personnalité haute en couleur, qui avait tout pour choquer l'opinion : juive, riche, athée, divorcée et ouvertement lesbienne, cette fille de commerçants parisiens se distinguait également par son esprit vif et ses réparties brillantes. Bien qu'issue de la classe moyenne, elle roulait à toute allure dans des voitures de sport et flambait au baccara. Elle réussit à percer

> LES REZ-DE-CHAUSSÉE SONT PEUPLÉS DE MACHINES À ÉCRIRE BRUYANTES, DE MARQUE CONTIN-SOUZA OU CELTIC.

dans la finance, notamment en se déguisant en homme pour se rendre à la corbeille de la bourse – interdite aux femmes –, où s'opèrent les transactions. En mars 1925, elle lança son journal économique et financier, *La Gazette du franc*, dont l'accroche était : « La France a été victorieuse ! Pourquoi le franc serait-il vaincu ? » Condamnée à deux ans de prison en 1928 pour escroquerie et abus de confiance, elle connut une chute d'autant plus brutale que son ascension fut fulgurante. ▪

MARTHE HANAU

Femme d'affaires française, fondatrice de *La Gazette du franc et des nations*, vers 1930.

OUVRIERS DE L'AUTOMOBILE

Employés travaillant sur la carrosserie « tout acier » d'une Citroën B10 dans l'usine de Javel, 1924-1925.

TÉLÉTYPE CARPENTIER

Appareil télégraphique permettant l'envoi direct d'un texte par clavier dactylographique, 1922.

MADEMOISELLE CHAPTAL

Directrice de la maison-école d'infirmières privée située place de la Porte-de-Vanves, vers 1925.

↑ **GRÈVE** — Photographe affichant ses revendications : « Je fais grève, semaine de 40 heures ». Paris, vers 1930.

→ **PROPAGANDE SYNDICALE** — Automobile munie d'un haut-parleur en campagne pour le Cartel du travail. Paris, 1920.

CAFE-BAR
CARTEL DU TRAVAIL
CARTEL DU TRAVAIL

↑ **SOUDEUSE** — Ouvrière soudant au chalumeau sur une charpente métallique. Paris, vers 1930.

↑ **BRUNISSEUSES** — Ouvrières au travail dans l'atelier d'argenterie et d'orfèvrerie Christofle. Paris, 1925.

↓ **HAUTE COUTURE** — « Midinettes » célébrant la Sainte-Catherine dans les ateliers de la maison de couture Molyneux au 14 rue Royale. Paris (VIIIe arr.), vers 1925.

→ **CONVERSATION** — Réunion sur un balcon parisien. Paris, 1925.

↑ **DACTYLOGRAPHES** — Saisie en cours sur des machines à écrire Remington. Paris, 1927.

↑ **REPAS DE FÊTE** — Une famille réunie à l'occasion d'un baptême. Paris, vers 1930

↓ **PROMENADE** — Promeneurs et automobilistes flânant sur une allée du bois de Boulogne. Paris (XVIe arr.), 1925.

↑ **JEUNES PÊCHEURS** — Rives du lac du bois de Boulogne. Paris (XVIe arr.), 1930.

↑ **SORTIE HIVERNALE** — Cygnes au bois de Boulogne. Paris (XVIe arr.), **vers 1925.**

↓ **PARTIE DE CARTES** — Détente au bois de Vincennes. Paris (XIIe arr.), **jeudi 14 juillet 1921.**

→ **CHALEUR À PARIS** — Baignade dans la Seine. Paris, 14 juillet 1921.

SOUS LES PONTS

Longtemps, la Seine n'a été qu'une voie navigable et un espace de labeur pour les blanchisseuses, les tanneurs ou encore les cuiseurs de tripes. Or, depuis la Belle Époque, même si ses berges font peur la nuit à cause de la prostitution et de l'insécurité endémiques qui y sévissent, la population parisienne semble découvrir les charmes de son fleuve, qui devient « la plus belle avenue de Paris ».

La Seine se mue en une aire de loisirs à part entière. Les Parisiens aiment y venir pour s'adonner au canotage, assister aux courses de canots automobiles et pêcher, car le fleuve demeure très poissonneux (silures, carpes, barbeaux, anguilles, ablettes…). Le Salon nautique, inauguré sur les quais en 1926, connaît quant à lui un formidable succès.

CHAQUE ANNÉE, UNE FOULE EN MAILLOT DE BAIN PREND LE DÉPART DE LA TRADITIONNELLE TRAVERSÉE DE PARIS À LA NAGE.

Le Touring Club de France dote la ville d'un port de plaisance pour les yachts, entre le pont de la Concorde et le pont Alexandre-III. Et que dire de la foule en maillot de bain qui prend chaque année le départ de la traditionnelle traversée de Paris à la nage ?

ÉTÉ COMME HIVER

Après-guerre, on raffole toujours autant de la piscine Deligny. Il s'agit de la première structure flottante de la capitale, amarrée sur la rive gauche de la Seine à hauteur du quai Anatole-France, dans le VIIe arrondissement, en face de la place de la Concorde. Ouverte depuis plus d'un siècle, cette piscine est en réalité constituée de planches de bois entre lesquelles s'écoule l'eau du fleuve. Mais, depuis 1919, elle est équipée d'un système de filtrage qui élimine les impuretés. Une initiative salutaire pour les baigneurs ! Et l'hiver ? On patine sur les lacs des bois de Boulogne et de Vincennes – même si, en 1923, faute de froid, on ne pourra chausser les patins qu'une seule journée durant toute la saison.

LENTE DISPARITION DES BATEAUX-LAVOIRS

Ils sont promis à la destruction depuis de longues décennies, et pourtant, ils résistent encore. En 1922, Paris ne compte plus que sept bateaux-lavoirs – pont Neuf, pont d'Arcole, quai d'Anjou, etc. –, ces imposantes structures flottantes amarrées le long de la Seine, où les lavandières ont l'habitude de laver le linge avec l'eau du fleuve, les mercredis, samedis et dimanches matin. Or, depuis quelque temps, l'essor des blanchisseries a tout changé : celles-ci récupèrent le linge au domicile des particuliers et l'emportent en banlieue, où s'effectue un nettoyage en gros. Conséquence immédiate : la fidèle clientèle des bateaux-lavoirs se raréfie. Évidemment, cela n'incite guère leurs « capitaines » à moderniser les lieux, tandis que la Ville de Paris ne cesse d'augmenter leur indemnité de résidence.

LA CRUE DE 1924

Bien que moins spectaculaire que sa devancière de 1910 – 8,62 mètres d'eau sous le pont d'Austerlitz –, la crue de 1924 a marqué les mémoires des contemporains des Années folles. C'est du reste la deuxième plus importante du XXe siècle. La Seine atteint cette année-là un pic de 7,30 mètres le 6 janvier. La gare des Invalides et le Champ-de-Mars sont totalement inondés. Le reflux est cependant rapide. Dès le 19 janvier, le fleuve retrouve son niveau habituel.

LES GLAÇONS FLOTTANTS

Tous les Parisiens s'en souviennent : la Seine a gelé en février 1917, après trois semaines d'hiver glacial. Malgré le recours aux brise-glaces à vapeur, le fleuve était totalement figé. Douze ans plus tard, une nouvelle vague de froid polaire s'abat sur la capitale : entre janvier et février 1929, la Seine charrie de gros glaçons. Pour éviter l'embâcle, la Ville de Paris a pris ses précautions : les barrages sont tellement abaissés qu'on peut apercevoir par endroits le lit du cours d'eau. À terre, les braseros se multiplient ainsi que les soupes populaires pour les plus démunis. Afin de réchauffer l'atmosphère, le journal *L'Auto* – l'ancêtre de *L'Équipe* – organise à la hâte un grand moment de patinage collectif, le 17 février, sur la glace du lac de Saint-Mandé. ▪

PÊCHE À LA LIGNE

Pêcheurs installés en contrebas du quai des Orfèvres, juillet-août 1925.

DÉPART DES NAGEUSES

La traversée de Paris à la nage est une course en eau libre de onze kilomètres dans la Seine, 1920.

FÊTE DES SPORTS D'HIVER

Départ d'une course de jeunes patineurs sur le lac de Saint-Mandé, 1929.

SALON NAUTIQUE

Troisième édition du Salon nautique international, décembre 1928.

↑ **PÊCHEURS AMATEURS** — Ouverture de la pêche sur les berges de la Seine. Paris, **20 juin 1920.**

↑ **CRUE DE LA SEINE ET DE SES AFFLUENTS** — Les habitants de Chelles en Seine-et-Marne ravitaillés par bateaux. Seine-et-Marne, **4 janvier 1920.**

↑ **COURS DE NATATION** — Leçon aux bains Deligny, piscine flottante à ciel ouvert sur la Seine. Paris (VIIe arr.), **13 juillet 1920.**

→ **TRAVERSÉE DE PARIS À LA NAGE** — Nageurs plongeant dans la Seine au départ de la course. Paris, **19 août 1923.**

↓ **BAIGNADE À PORT-À-L'ANGLAIS** — Plage et guinguettes aménagées par les communes de Vitry-sur-Seine et Ivry-sur-Seine dès 1922. Vitry-sur-Seine, **12 juillet 1924.**

PORT À L'ANGLAIS PLAGE

↑ **COUPE DE NOËL** — Nageurs participant à une course de natation en eau libre organisée chaque 25 décembre entre 1906 et 1940. Paris, **25 décembre 1924.**

↑ **TOUR DE FRANCE** — Cyclistes à l'arrivée dont le français Georges Cuvelier, au centre, 8e au classement général et 1er au classement des Français. Paris, 1926.

↓ **PISCINE DELIGNY** — Piscine flottante installée le long du quai Anatole-France. Paris (VIIe arr.), vers 1920.

SPORT POUR TOUS

La France des années 1920 se met massivement au sport. Et Paris accapare la lumière. La capitale dépense et se dépense pour organiser de grandes compétitions (J.O. de 1924) et se doter d'enceintes prestigieuses (Roland-Garros en 1928).

L'homme et la femme des Années folles se doivent d'être en forme, minces et bronzés de préférence. Une silhouette saine et svelte est gage de reconnaissance sociale. La soif de mouvement, le culte de la performance sont plébiscités. Et il n'y a rien de tel pour servir cet idéal que le sport, même si certains esprits rétrogrades redoutent une « virilisation » des corps des femmes jugées trop investies dans leur pratique.

ENTRE PRATIQUE ET SPECTACLES

Quarante millions de Français, dont presque deux millions de sportifs réguliers. Le pays se passionne pour le sport, parce qu'il transcende aussi les classes sociales. À Paris, on s'adonne assidûment à son activité favorite (cyclisme, tennis, football, athlétisme, natation, patinage…), tandis qu'entre deux revues de music-hall, on se régale devant des combats de lutte féminine au Bal Tabarin, rue Massé, près de Pigalle, ou l'on se presse au Vél' d'Hiv' (xve arr.) pour voir la « Reine des Six Jours » donner le départ de l'une des plus grandes courses cyclistes au monde.

Le sport fait battre le cœur du Paris des années 1920, dont la vie sociale et culturelle est désormais rythmée par des événements récurrents de mieux en mieux structurés. Tout le monde a l'oreille collée au poste de radio pour écouter les grandes retransmissions en direct. C'est ainsi que la vie s'arrête le 2 juillet 1921, jour du combat de boxe entre Jack Dempsey et Georges Carpentier pour le titre mondial des poids lourds, à Jersey City (États-Unis). La foule s'agglutine devant le siège des grands journaux.

> 2 JUILLET 1921 : LA VIE S'ARRÊTE. LES BOXEURS JACK DEMPSEY ET GEORGES CARPENTIER S'AFFRONTENT.

Chacun lève les yeux au ciel, guettant le signal que doit adresser un avion en cas de victoire du Français. Hélas, ce dernier s'inclinera au quatrième round, pouce droit cassé.

PARIS SPORTIF, PARI RÉUSSI

Pour ses Jeux olympiques de 1924 (ses deuxièmes de l'ère moderne après ceux de 1900), Paris accueille plus de 3 000 athlètes, dont 136 femmes, issus de 44 nations. Un peu moins de 700 journalistes de 42 pays couvrent l'événement, contre à peine 200 quatre ans auparavant. Les Britanniques brillent en sprint, les Américains survolent la natation et le tennis, tandis que les pays nordiques surprennent en lutte gréco-romaine. La France se distingue en cyclisme, escrime, water-polo et haltérophilie. Au total, le pays hôte récolte 38 médailles et se classe troisième, derrière les États-Unis et la surprenante Finlande.

Effet Jeux oblige, Paris se dote de nouveaux équipements. La piscine des Tourelles, à la porte des Lilas, est inaugurée un mois avant le début des épreuves. À l'abri dans son cocon de béton, très germanique dans l'âme, ce huitième bassin parisien offre 10 000 places assises. Pour la première fois, les lignes d'eau sont séparées par des bouchons de liège flottants. Au fond sont tracées des lignes de couleur, afin que les nageurs ne zigzaguent pas.

UN COURT GÉANT POUR LES « MOUSQUETAIRES »

Grâce à ses « Mousquetaires » du tennis (René Lacoste, Henri Cochet, Jean Borotra et Jacques Brugnon), la France se couvre de gloire en remportant sa première Coupe Davis sur le sol américain en 1927. Pour défendre son titre l'année suivante, l'équipe nationale a besoin d'un écrin prestigieux. Sur un terrain du club du Stade Français, la Ville de Paris fait ériger porte d'Auteuil le stade Roland-Garros, du nom d'un aviateur fauché durant la Première Guerre mondiale, ancien membre du Stade Français et premier homme à avoir survolé la Méditerranée en 1913. Bâti en huit mois, le court peut accueillir 10 000 spectateurs sur ses gradins en bois. ▪

NATATION

Cours aux bains Deligny, piscine flottante à ciel ouvert installée sur la Seine, le long du quai Anatole-France, juillet 1920.

BOXE

Georges Carpentier, premier boxeur français à obtenir le titre de champion du monde de boxe anglaise, vers 1920.

POLO

Match opposant l'Espagne aux États-Unis durant les Jeux olympiques de 1924.

ATHLÉTISME

Géo André, athlète et rugbyman, se préparant pour le serment olympique au stade de Colombes, 1924.

PATINAGE

Mme Bonne au Palais de Glace, décembre 1928.

TENNIS

Jean Borotra et Jacques Brugnon en double pendant la Coupe Davis, stade Roland-Garros, 1930.

↑ **MOTOCYCLISTES** — Bartlett et Preswitch réalisent des essais de vitesse rue des Acacias. Paris (XVIIe arr.), **14 octobre 1921.**

← **COURSE PARIS-PYRÉNÉES** — Le motocycliste Dumoulin au départ. Paris, 1923.

↑ **RÉFECTION DE LA CHAUSSÉE** — Un ouvrier à l'angle de la rue Campagne-Première et du boulevard du Montparnasse devant la boîte de nuit Le Jockey. Paris (XIVe arr.), **avril 1923.**

↑ **COUREURS DU TOUR DE FRANCE** — Descente des Champs-Élysées en direction de la gare de Lyon. Les participants vont prendre un train pour Évian où a lieu le départ. Paris (VIIIe arr.), **1926.**

→ **COURSE PARIS-PYRÉNÉES** — Les participants Hibert et Gouraud dans leurs « cycle-cars » Benjamin (voiturettes légères à trois ou quatre roues). Paris, 1923.

BENJAMIN
3887-I3
BENJAMIN
8773-E9

↑ **POSTE D'OBSERVATION** — Des curieux et un opérateur de cinéma assistent à une éclipse solaire depuis le toit des locaux du journal *Excelsior*. Paris, 8 avril 1921.

↑ **ÉVÈNEMENT SUR LES GRANDS BOULEVARDS** — Des Parisiens observent une éclipse solaire au travers de verres fumés. Paris, **8 avril 1921**.

↑ **TRANSPORT D'ŒUVRE D'ART** — Déplacement d'un tableau avenue Winston Churchill devant le Grand Palais. Paris (VIIIe arr.), **vers 1930**

← **GRANDE GALERIE DU LOUVRE** — Les chefs-d'œuvre évacués pendant la Première Guerre mondiale sont remis en place par ordre chronologique. Avant le conflit, ils étaient classés par écoles de peinture. Paris (Ier arr.), **15 janvier 1920.**

↑ **ATELIER D'ARTISTE** — Le sculpteur Félix Benneteau-Desgrois travaille au buste de Mme Robine. Paris, vers 1920.

↑ **SÉANCE DE POSE** — Peintre faisant le portrait de Cleope Teresa Magliano, seconde épouse d'Aga Khan III et mère d'Ali Khan. Paris, 1920-1925.

↑ **PRIX ROBERT HENNESSY** — Enfants sur l'hippodrome d'Auteuil. Paris (XVIe arr.), **19 février 1922.**

→ **JOURNÉE DES DRAGS** — Défilé d'élégants sur la pelouse de l'hippodrome d'Auteuil. Paris (XVIe arr.), **1921.**

↓ **JARDIN DES TUILERIES** — Séance de pose non loin du musée du Louvre. Paris (Ier arr.), **vers 1923.**

↑ **ÉLÉGANTES PORTANT CHAPEAUX ET FOURRURES** — Prix du Président de la République à l'hippodrome d'Auteuil. Paris (XVIe arr.), **27 mars 1921.**

← **ÉLÉGANTES SOUS LEURS OMBRELLES** — Prix des Drags à l'hippodrome d'Auteuil. Paris (XVIe arr.), **24 juin 1921.**

↑ **L'HEURE DU THÉ** — Jardin du Ritz place Vendôme. Paris (1er arr.), **vers 1930.**

↑ **À TABLE** — Terrasse de restaurant ombragée. Paris, 1925.

↑ **COURSE DE LÉVRIERS** — Quatre dresseurs posant avec des lévriers au parc des Princes. Paris (XVIe arr.), 1928.

← **PORTRAIT CANIN** — Jeune femme accompagnée d'un chien-loup. Paris, 1925-1930.

AU CHIC PARISIEN

C'est le temps des garçonnes, des concours d'élégance et des parades en maillots de bain, de l'essor des cosmétiques et de la folie des instituts de beauté. Paris est plus que jamais la capitale mondiale du chic à l'ère d'une première libération des femmes.

Elle s'appelle Marguerite, Yvonne, Madeleine ou Eugénie. Longiligne, la nuque dégagée, ressemblant aux mannequins photographiés dans *Vogue*, la femme des Années folles arbore des cheveux courts calamistrés sous un chapeau cloche. Elle fume en public, toujours à l'aide de son interminable fume-cigarette en ivoire. Finis les corsets qui l'étouffaient et les robes amples et longues qui l'entravaient. Place aux tenues sport en dentelle de laine Chanel ou à la jupe plissée de soie blanche Jean Patou. Les robes raccourcissent et se resserrent. Les hanches s'effacent et la taille descend. La femme ose montrer sa cheville, son mollet et parfois même son genou. *Vogue* ne proclame-t-il pas en 1927 : « Une femme, c'est sa ligne » ?

LA GARÇONNE, NOUVELLE DÉESSE

La « garçonne » : femme à scandale androgyne popularisée par Victor Margueritte en juillet 1922 dans son roman éponyme. Pas moins de 750 000 exemplaires sont vendus en quelques mois ! C'est bien simple : tout le monde le lit. À cause de cet incroyable raz-de-marée littéraire, son auteur est radié de l'ordre de la Légion d'honneur. Le mouvement garçonne est arrivé d'Angleterre peu après l'armistice, quand une poignée de lesbiennes en vue, dont la romancière Vita Sackville-West, ont choisi de se raser la nuque et de remplacer jupes et corsets par des costumes d'hommes et des cravates. À partir de 1920, le phénomène de mode britannique des *flappers* (« filles délurées ») déborde du cercle restreint des homosexuelles et devient une lame de fond pour des milliers de jeunes urbaines (surtout parisiennes, il est vrai) en mal d'émancipation.

> FLANELLE, JERSEY, TWEED SONT LES NOUVELLES MATIÈRES À LA MODE.

Féministe dans l'âme, la garçonne adopte logiquement une allure de… garçon : gaine de tissu aplatissant la poitrine, taille tombant sur les hanches ou juste au-dessous, cheveux courts et plats avec frange.

PARIS, TEMPLE DE LA MODE

Avenue Montaigne, Madeleine Vionnet invente la coupe en biais (à 45° par rapport au droit fil), qui confère au tissu un tomber souple et permet des effets moulants inédits. Certaines élégantes ont pour habitude de fréquenter les défilés de mode privés qu'organisent les maisons de couture à l'intention de leurs meilleures clientes. On se presse ainsi dans le salon de Mme Agnès, rue Auber. Flanelle, jersey, tweed sont les nouvelles matières à la mode. Le style est simple et chic. On s'habille de préférence de noir, de blanc ou de beige. La « petite robe noire » chère à Mademoiselle Chanel s'impose comme une pièce essentielle du vestiaire. Au lit, les femmes découvrent les bienfaits du pyjama. Le pantalon, en revanche, est toujours interdit en public, même s'il est toléré pour le sport.

LA COSMÉTIQUE EN FÊTE

Le phénomène vient des États-Unis. Dans les années 1920, les instituts de beauté éclosent çà et là à Paris. Installé au 126 rue du Faubourg-Saint-Honoré depuis la fin de la guerre, le *beauty salon* d'Helena Rubinstein ne désemplit pas. Son institut rivalise avec celui d'Elizabeth Arden, situé rue de la Paix. Surnommée la « Dame en rose », cette dernière prépare en secret ce qui deviendra son arme absolue pour conquérir les armoires de toilette des femmes : la *Eight Hour Cream* (« crème de huit heures »), commercialisée en 1930. Dans son atelier situé au 74 rue du Faubourg-Saint-Honoré, le chimiste Paul Baudecroux invente en 1927 *Rouge Baiser*, le rouge à lèvres quasi indélébile. Une révolution cosmétique dont les femmes vont s'emparer. Même engouement pour le parfum *Shalimar* de Guerlain, présenté lors de l'Exposition internationale des arts décoratifs de 1925 et qui tente de contester la suprématie du *N° 5* de Chanel, lancé quatre ans plus tôt. ▪

ÉMANCIPATION
Portrait d'une femme vêtue à la garçonne, 1925.

PAUL POIRET
Le couturier et parfumeur français dans son atelier, 1925.

HELENA RUBINSTEIN
L'institut de beauté d'Helena Rubinstein au 126 rue du Faubourg-Saint-Honoré, vers 1930.

MODE AUX COURSES
Jeunes femmes en jupes plissées, chapeaux cloches et étoles en fourrure assistant aux courses sur l'hippodrome d'Auteuil, 1926.

↑ **APPEL TÉLÉPHONIQUE** — Intérieur parisien. Paris, 1925.

→ **SÉANCE DE POSE** — Hippodrome de Longchamp. Paris (XVIe arr.), 1926.

→ **MODE FÉMININE** — Ensemble pantalon « Anna ». Paris, 1925.

↑ **CAFÉ RENAUD** — Terrasse de café située au 21 rue Duphot, non loin de la place de la Madeleine. Paris (Ier arr.), **vers 1925.**

← **BOUTIQUE DE LINGERIE** — Vitrine d'un commerce de lingerie à Auteuil. Paris (XVIe arr.), vers 1925.

→ **PHOTOGRAPHIE PUBLICITAIRE** — Gants Neyret et appareil photo Rolleiflex. Paris, 1925-1930.

ROGER-VIOLLET, UNE AGENCE HISTORIQUE

L'histoire commence à Paris, à la fin d'un XIXe siècle, avec un homme épris d'innovation et de progrès technique : Henri Roger, dit Roger-Viollet. On raconte qu'il a réalisé sa première photographie à l'âge de 11 ans.

HENRI ROGER (1869-1947) ET SA FILLE HÉLÈNE ROGER-VIOLLET (1901-1985)

À 20 ans, le jeune ingénieur Henri Roger pratique le trucage photographique et réalise des autoportraits facétieux. Il épouse Jeanne Viollet en 1900 et accole son nom au sien. Leurs six enfants – cinq filles et un garçon – deviennent des modèles pour ses mises en scène fantaisistes de la vie familiale bourgeoise. Après la Première Guerre mondiale, et jusqu'à sa mort en 1947, sa production adopte un ton plus sobre et documentaire. Ses milliers de photographies, ainsi que celles de son frère Ernest, font partie des collections fondatrices de l'agence.

Henri Roger initie sa fille aînée Hélène à la photographie. Celle-ci en conservera une passion durable et en fera son métier. Elle entame une série de reportages avec Jean-Victor Fischer, qu'elle rencontre à l'école de journalisme et qui deviendra son mari. Partis en 1936 pour suivre les départs en congés payés, ils ramènent quelques-unes des premières images de la guerre civile espagnole et de l'afflux de réfugiés à la frontière.

DE DOCUMENTATION PHOTOGRAPHIQUE À AGENCE DE PRESSE

En octobre 1938, le couple rachète la boutique et le fonds de Laurent Ollivier, un « marchand d'images » qui vendait aux étudiants de l'École des beaux-arts, au 6 rue de Seine. Ils enrichissent cette collection avec leurs clichés et les archives familiales pour fonder la Documentation Photographique Générale Roger-Viollet. L'agence ferme à peine un an plus tard, dès le début de la guerre. Protégée derrière des planches de bois, elle rouvre, intacte, en novembre 1944. Hélène Roger-Viollet et Jean-Victor Fischer fournissent un effort continu d'acquisitions : agences sans successeurs, studios en faillite, photographes défunts, fabricants de cartes postales, trésors de collectionneurs, archives de bouquinistes, achats de reportages ou de photos « à la pièce », rien ne leur échappe. En parallèle, ils constituent une collection de daguerréotypes et d'appareils photographiques anciens. La boutique s'agrandit. Les boîtes vertes contenant les tirages se remplissent, le classement s'étoffe et la Documentation prend le statut d'agence de presse dans les années 1960.

Son fonds est unique en Europe. Il regroupe 6 millions d'images et couvre plus d'un siècle et demi d'histoire. Son ambition encyclopédique – l'agence proclame fièrement qu'elle offre « toute l'histoire du monde de la préhistoire à nos jours » – est soutenue par la diffusion de collections étrangères et la production « maison ». Six mois par an, les époux Roger-Viollet voyagent. Ils complètent les fonds par leurs reportages à l'étranger, très réguliers depuis la fin des années 1950, jusqu'à leur tour du monde à bord du paquebot *France*, qui donnera lieu à un récit de voyage intitulé *Ah ! Qu'il est beau ce tour du monde.*

DE LA PARISIENNE DE PHOTOGRAPHIE À LA GALERIE ROGER-VIOLLET

À la disparition des créateurs en 1985, et selon leur volonté, les collections et l'agence sont léguées à la Ville de Paris. Après 20 années de contestation de l'héritage, celle-ci crée la Parisienne de photographie en 2004, pour gérer les archives Roger-Viollet, et assurer la reproduction numérique et la diffusion des autres collections municipales. La numérisation, démarrée à la fin des années 1990, s'accélère à partir de 2007 : plus d'un million de supports sont à présent numérisés.

Les archives photographiques du quotidien *France-Soir*, préemptées par la Ville de Paris en 2012, viennent enrichir les collections. Elles apportent un regard inédit sur la société française des années 1960 à 1980, au travers des nombreux reportages couvrant tous les évènements sportifs, politiques, culturels et sociétaux de l'époque.

En janvier 2020, afin de valoriser les collections, la Ville de Paris concède l'exploitation commerciale des fonds Roger-Viollet et France-Soir à Delta Arts, société du groupe Photononstop. Avec l'ouverture en décembre de la galerie Roger-Viollet – dont la rénovation a été confiée à l'architecte David Apheceix –, c'est un nouveau lieu consacré à la photographie historique, qui accueille le grand public autour d'expositions thématiques issues des fonds Roger-Viollet et France-Soir.

Pour que l'histoire se perpétue et parce que les photographies contemporaines sont les archives de demain, l'agence Roger-Viollet poursuit sa politique de recherche d'images inexploitées. En marge de ses collections, elle diffuse le travail de nombreux photographes afin de pérenniser et valoriser leur œuvre.

NOTE DE L'ÉDITEUR

Les images de ce livre, mises en couleurs par Sébastien de Oliveira, appartiennent au fonds photographique des archives Roger-Viollet. Les pages 228 à 236 présentent les clichés dans leur format d'origine, classés par photographe ou par fonds. Le sens de lecture de l'index s'effectue par colonne, de haut en bas, puis de droite à gauche.

JACQUES BOYER (1869-1960)

Du début du siècle aux années 1950, Jacques Boyer, « publiciste scientifique » établi à Paris au 5 bis rue Saint-Paul, importe, diffuse et réalise des photographies tournées vers les domaines techniques : expériences, procédés de fabrication novateurs, machines, installations d'usines, portraits de scientifiques, médecins, chercheurs… Il photographie également abondamment Paris, la vie quotidienne et les petits métiers.

Enseignes lumineuses — La place de l'Opéra et ses publicités géantes. Paris (IIe arr.), 1927.

(RV-39940-2)

Véhicule biplace — Moto biplace Jumella, modèle breveté par la société S.G.D.G. (3 rue du Havre), sur le Champ-de-Mars. Paris (VIIe arr.), 1922.

(RV-564-8)

Commerçant de quartier — Étal de fruits et légumes. Paris, 1928.

(RV-23072-4)

Marché des Halles — Vue des halles centrales et des marchands ambulants à l'angle des rues des Halles et Berger. Paris (Ier arr.), 1934.

(RV-8256-1)

Friandises américaines — Un vendeur de pop-corn propose des sachets à 50 centimes l'unité. Paris, 1922.

(RV-3934-6)

Réclame — Chariot muni d'un réservoir d'eau qui dépose un slogan publicitaire sur le trottoir. Paris, 1922

(RV-38930-15)

Brunisseuses — Ouvrières au travail dans l'atelier d'argenterie et d'orfèvrerie Christofle. Paris, 1925.

(RV-3965-12)

Dactylographes — Saisie en cours sur des machines à écrire Remington. Paris, 1927.

(RV-3949-7)

Course de lévriers — Quatre dresseurs posant avec des lévriers au parc des Princes. Paris (XVIe arr.), 1928.

(RV-21012-15)

MAURICE-LOUIS BRANGER (1874-1950)

Photographe dès 1895, Maurice-Louis Branger crée l'agence Photopresse au 5 rue Cambon vers 1905. Polyvalent et très actif, il couvre les évènements de la vie parisienne : procès et affaires criminelles, vie politique et culturelle, actualité sportive…

Il documente abondamment la crue de 1910. Grand reporter avant l'heure, il est l'un des rares à photographier la guerre de l'intérieur. Après les Balkans en 1913, il rentre en France et photographie la guerre et ses conséquences durant les quatre années du conflit. Rendu à la vie civile, il s'illustre par ses reportages de proximité dans un Paris en pleine évolution.

Tour Eiffel — Photographie prise depuis le Trocadéro. Paris (XVIe arr.), 1925-1930.

(RV-1322-9)

Place de la Bourse — À l'angle de la rue du quatre- Septembre et de la rue Vivienne. Paris (IIe arr.), 1925-1930.

(RV-3836-5)

Tour Eiffel illuminée — Installation lumineuse réalisée par Fernand Jacopozzi pour Citroën. Paris (XVIe arr.), 1925.

(RV-75130-17)

Cortège d'accordéonistes lillois — Démonstration musicale dans les rues de Paris, 1922.

(RV-7947-2)

Fête de la Sainte-Catherine — Les catherinettes défilent et posent devant l'opéra Garnier. Paris (IXe arr.), novembre 1922.

(RV-40271-6)

Policiers éloignant les curieux — Foule de badauds devant un mariage insolite. Paris, 1925-1926.

(RV-75144-24)

Index des photographes

Officiels devant l'hôtel de ville — Le sultan du Maroc, Moulay Youssef, quitte l'hôtel de ville entouré d'un cortège militaire. Paris (IVe arr.), 1926.

(RV-2876-13)

P. 48

Place Vendôme — Un chauffeur de taxi renseigne une passante devant la colonne de Vendôme. Paris (Ier arr.), vers 1930.

(RV-4508-6)

P. 57

Travaux publics — Ouvrier devant un groupe électrogène. Paris, 1923.

(RV-75081-8)

P. 60

Aide à l'embarquement — Quai de la gare Saint-Lazare. Paris (VIIIe arr.), vers 1929.

(RV-4455-6)

P. 78

Grève des transports — Des militaires patrouillent gare Saint-Lazare pendant une grève des transports. Paris (VIIIe arr.), 1920.

(RV-1809-10)

P. 79

Petits commerçants — Marchands ambulants et commerce de bouche à l'angle des rues Mouffetard et Daubenton. Paris (V^{e} arr.), 1925-1930.

(RV-75166-3)

P. 88

Marrons chauds — Un jeune groom achète des marrons grillés à un marchand posté devant un bar. Paris, 1925-1930.

(RV-3934-14)

P. 90-91

Concours agricole de Paris — Arrivée des éleveurs de bovins avec leur bétail. Paris, juin 1923.

(RV-10359-6)

P. 94

Marchande des quatre-saisons — Une passante achète des fruits et légumes à une vendeuse ambulante de la rue Saint-Honoré. Paris (Ier arr.), 1926.

(RV-3934-13)

P. 109

Chez Maxim's — Réveillon du Nouvel An dans le célèbre restaurant de la rue Royale. Paris (VIIIe arr.), 31 décembre 1925.

(RV-1144-12)

P. 128-129

Gaumont-Palace — À l'affiche, *C'est une gamine charmante (The Patsy)*, film muet américain réalisé par King Vidor avec l'actrice Marion Davies. Paris (XVIIIe arr.), 1928.

(RV-12330-14)

P. 141

Tempête de neige — La station de métro Porte de Versailles sous le blizzard. Paris (XVe arr.), hiver 1920.

(RV-52178-1)

P. 153

Intérieur d'un commissariat — Agents de police réunis dans une des salles du commissariat. Paris, 1926.

(RV-771-10)

P. 156

Accueil d'un commissariat — À gauche le cabinet du secrétaire, à droite le cabinet du commissaire. Paris, mai 1926.

(RV-771-12)

P. 157

Central téléphonique — Une opératrice au travail. Paris, 1925.

(RV-2360-6)

P. 159

Traversée de Paris à la nage — Nageurs plongeant dans la Seine au départ de la course. Paris, 19 août 1923.

(RV-3313-11)

P. 185

Coupe de Noël — Nageurs participant à une course de natation en eau libre organisée chaque 25 décembre entre 1906 et 1940. Paris, 25 décembre 1924.

(RV-75116-7)

P. 188

Tour de France — Cyclistes à l'arrivée dont le français George Cuvelier au centre, 8e au classement général et 1er au classement des Français. Paris, 1926.

(RV-75163-2)

P. 189

Coureurs du Tour de France — Descente des Champs-Élysées en direction de la gare de Lyon. Les participants vont prendre un train pour Évian où a lieu le départ. Paris (VIIIe arr.), 1926.

(RV-12481-5)

P. 197

Course Paris-Pyrénées — Les participants Hibert et Gouraud dans leurs « cycle-cars » Benjamin (voiturettes légères à trois ou quatre roues). Paris, 1923.

(RV-21661-9)

P. 199

Journée des Drags — Défilé d'élégants sur la pelouse de l'hippodrome d'Auteuil. Paris (xvie arr.), 1921.

(RV-3968-11)

P. 207

À table — Terrasse de restaurant ombragée. Paris, 1925.

(RV-4163-13)

P. 213

Séance de pose — Hippodrome de Longchamp. Paris (xvie arr.), 1926.

(RV-3610-9)

P.219

Boutique de lingerie — Vitrine d'un commerce de lingerie à Auteuil. Paris (xvie arr.), vers 1925.

(RV-11890-14)

P. 222

Café Renaud — Terrasse de café située au 21 rue Duphot, non loin de la place de la Madeleine. Paris (ier arr.), vers 1925.

(RV-339-1)

P. 223

GEORGES ÉDOUARD DEVRED (1887-1932)

Né à Paris dans le xviie arrondissement, Georges Devred est recruté comme spécialiste de photographie aéronautique par l'agence Rol en 1911. Mobilisé dès 1914, il a été salué pour son sentiment du devoir et son mépris du danger – il assurait la distribution du courrier sous le feu des combats. Au sortir de la guerre, il reprend son activité de photographe.

Le 23 avril 1923, Mathilde Rol, directrice de l'agence, lui délègue son titre et ses fonctions. Il dirigera l'entreprise jusqu'à son décès. Georges Devred fut témoin et acteur de l'évolution de la presse à une époque où la photographie de reportage était en plein essor.

Bataille de boules de neige — Écoliers au jardin du Luxembourg. Paris (vie arr.), hiver 1929.

(RV-99525-6)

P. 154-155

EXCELSIOR

En 1910, Pierre Lafitte crée le journal *Excelsior* et se dote de photographes pour couvrir l'actualité. Publiant une trentaine d'images par jour, il devient le premier quotidien illustré de photographies. Roland Dorgelès et Guillaume Apollinaire y publient leurs premiers textes. Vendu en 1915 à Jean Dupuy, dont la famille possède *Le Miroir* et *Le Petit Parisien*, le quotidien tire à 100 000 exemplaires. Dans les années 1920, un supplément est lancé sous le nom de *Excelsior Dimanche illustré*. Albert Londres et Georges Simenon en sont des collaborateurs réguliers. En 1939, le quotidien tire à 132 000 exemplaires, et le dernier numéro paraît en juin 1940.

Festivités autour de l'Arc de Triomphe — Cérémonie du deuxième anniversaire de l'armistice de 1918. Paris (viiie arr.), 11 novembre 1920.

(RV-200912-10)

P. 14

Nouvel An sur la butte Montmartre — Simone Dollie en « République de Montmartre » et Francisque Poulbot, dessinateur humoristique et affichiste, entourés d'enfants. Paris (xviiie arr.), 1er janvier 1922.

(RV-201524-11)

P. 20

Fête nationale — Réjouissances populaires dans les rues de Paris, 14 juillet 1920.

(RV-200682-3)

P. 21

Bal populaire — Festivités organisées rue du Faubourg-Saint-Martin. Paris (xe arr.), 14 juillet 1921.

(RV-201415-6)

P. 22-23

Festivités — Défilé organisé par le comité des fêtes de la mairie d'arrondissement sur le pont tournant de la Grange-aux-Belles au-dessus du canal Saint-Martin. Paris (xe arr.), 1923.

(RV-1429494)

P. 24-25

Montmartre en fête — Championnats sportifs et humoristiques. Paris (xviiie arr.), 15 juin 1924

(RV-1429602)

P. 31

Fête nationale — Défilé de l'infanterie près de l'Arc de Triomphe. Paris (viiie arr.), 14 juillet 1921.

(RV-201419-23)

P. 40

Manifestation du 1er mai — Le personnel des transports bloque la circulation rue de la Pépinière. Paris (viiie arr.), 1er mai 1923.

(RV-1429476)

P. 50-51

Articles de fête — Un marchand d'éventails propose ses produits à un chauffeur de taxi. Paris, 14 juillet 1921.

(RV-201414-29)

P. 53

Index des photographes

Index des photographes

Kiosque à journeaux — Joseph Finet, ancien cuirassier de Reichshoffen, dans son kiosque à journaux au 2 avenue de Friedland. Paris (VIIIe arr.), 21 août 1920.

(RV-200683-19)

P. 144

Automobilistes devant le pavillon de Rohan — Passage entre la rue de Rivoli et la cour du Carrousel du Louvre. Paris (Ier arr.), 23 février 1920.

(RV-190487-30)

P. 148

Colleur d'affiches devant le pavillon de Marsan — Campagne pour l'emprunt national en faveur de la reconstruction du pays sur la façade du ministère des Finances, côté rue de Rivoli. Paris (Ier arr.), 23 février 1920.

(RV-190488-3)

P. 149

Hôtel du Louvre sous la neige — Une vague de froid inattendue s'abat sur la ville au début du printemps. Paris (Ier arr.), 22 mars 1922.

(RV-201531-17)

P. 151

Parvis de l'hôtel de ville — Des passants sous la neige devant la mairie de Paris. La cathédrale Notre-Dame est visible à l'arrière-plan. Paris (IVe arr.), 22 mars 1922.

(RV-201531-16)

P. 152

Partie de cartes — Détente au bois de Vincennes. Paris (XIIe arr.), jeudi 14 juillet 1921.

(RV-201414-25)

P. 176-177

Chaleur à Paris — Baignade dans la Seine. Paris, 14 juillet 1921.

(RV-201414-20)

P. 179

Pêcheurs amateurs — Ouverture de la pêche sur les berges de la Seine. Paris, 20 juin 1920.

(RV-190665-22)

P. 182

Crue de la Seine et de ses affluents — Les habitants de Chelles en Seine-et-Marne ravitaillés par bateaux. Seine-et-Marne, 4 janvier 1920.

(RV-190336-29)

P. 183

Cours de natation — Leçon aux bains Deligny, piscine flottante à ciel ouvert sur la Seine. Paris (VIIe arr.), 13 juillet 1920.

(RV-190668-19)

P. 184

Baignade à Port-à-l'Anglais — Plage et guinguettes aménagées par les communes de Vitry-sur-Seine et Ivry-sur-Seine dès 1922. Vitry-sur-Seine, 12 juillet 1924.

(RV-1423912-2)

P. 186-187

Motocyclistes — Bartlett et Preswitch réalisent des essais de vitesse rue des Acacias. Paris (XVIIe arr.), 14 octobre 1921.

(RV-201462-15)

P. 195

Poste d'observation — Des curieux et un opérateur de cinéma assistent à une éclipse solaire depuis le toit des locaux du journal *Excelsior*. Paris, 8 avril 1921.

(RV-201012-12)

P. 200

Évènement sur les Grands Boulevards — Des Parisiens observent une éclipse solaire au travers de verres fumés. Paris, 8 avril 1921.

(RV-201012-19)

P. 201

Grande Galerie du Louvre — Les chefs-d'œuvre évacués pendant la Première Guerre mondiale sont remis en place par ordre chronologique. Avant le conflit, ils étaient classés par écoles de peinture. Paris (Ier arr.), 15 janvier 1920.

(RV-190483-11)

P. 202

Prix Robert Hennessy — Enfants sur l'hippodrome d'Auteuil. Paris (XVIe arr.), 19 février 1922.

(RV-201528-4)

P. 206

Élégantes sous leurs ombrelles — Prix des Drags à l'hippodrome d'Auteuil. Paris (XVIe arr.), 24 juin 1921.

(RV-201377-12)

P. 210

Élégantes portant chapeaux et fourrures — Prix du Président de la République à l'hippodrome d'Auteuil. Paris (XVIe arr.), 27 mars 1921.

(RV-201011-22)

P. 211

ALBERT HARLINGUE (1879-1964)

En 1905, Albert Harlingue s'installe au 5 rue Sevestre, à Paris. Il réalise des reportages sur des personnalités, les évènements politiques et le milieu artistique parisien. L'agence d'information illustrée Albert Harlingue assure également la reproduction et la diffusion de documents de sources diverses. Sergent dans une section photographique pendant la guerre, il accompagne la vie militaire, l'enrôlement des réservistes en juillet 1914, les cabanes et les tranchées, ainsi que le quotidien à l'arrière-front. Il photographie la guerre comme il photographiera la vie de tous les jours : de près et avec empathie. De retour à Paris, il reprend son activité de reporter jusqu'au début des années 1960.

Opéra Garnier — Place de l'Opéra vue depuis l'avenue de l'Opéra. Paris (IXe arr.), vers 1925.

(RV-2036-12)

P. 12

Chanteurs et musiciens — Groupes d'artistes sur les marches de l'opéra Garnier. Paris (IXe arr.), 1925-1930.

(RV-1497-9)

P. 13

Numéro de cirque — Démonstration de chiens de cirque devant les baraques Collet. Paris, 1920-1940.

(RV-2916-13)

P. 27

Publicité pour la TSF — Un âne porte une pancarte pour la location de postes de télégraphie sans fil devant le Grand-Palais. Paris (VIIIe arr.), vers 1930.

(RV-3800-1)

P. 30

Place Denfert-Rochereau — Anciens combattants réunis pour la cérémonie en l'honneur du Soldat inconnu. Paris (XIVe arr.), 11 novembre 1920.

(RV-7017-7)

P. 36

Célébration des services de Victor Giffard — Le sauveteur en mer et patron du canot *Raoul-Guérin* de Dieppe reçoit les décorations militaires et civiles, rue de Bourgogne. Paris (VIIe arr.), vers 1925.

(RV-10558-22)

P. 37

Commémoration de la première bataille de la Marne — Un ancien taxi de la Marne aux couleurs franco-américaines devant les appareils des photographes. Paris, vers 1925.

(RV-4614-13)

P. 38-39

Hommage au Soldat inconnu — Flamme de l'Arc de Triomphe ravivée par les représentants de l'État français. Paris (VIIIe arr.), vers 1925.

(RV-10807-8)

P. 41

Arc de Triomphe — Photographie prise depuis l'avenue des Champs-Élysées. Paris (VIIIe arr.), vers 1925.

(RV-8339-9)

P. 42-43

Affrontement entre étudiants et policiers — Des étudiants en droit manifestent contre la candidature d'un professeur à la chaire de droit international. Paris (Ve arr.), vers 1925.

(RV-49036-5)

P. 45

Police à cheval — Agent assurant la circulation dans les rues de Paris, vers 1920.

(RV-24386-18)

P. 47

Visite officielle — Le président de la République tchèque Tomas Masaryk et le président de la République française Alexandre Millerand montent en voiture devant l'Élysée. Paris (VIIIe arr.), 1923.

(RV-9980-5)

P. 49

Agent de police — L'agent Leclerc régule la circulation près de la porte Saint-Denis. Paris (Xe arr.), vers 1925.

(RV-14614-8)

P. 63

Voiture de course Grade — Un modèle F2 du constructeur automobile Grade garé place de la Concorde à l'issue d'un voyage publicitaire pour la marque entre Paris et Berlin. Paris (VIIIe arr.), 1926.

(RV-4509-5)

P. 64

Véhicule accidenté — Foule de curieux rassemblée autour d'une automobile disloquée. Paris, 1920-1925.

(RV-1045-7)

P. 65

Vins et liqueurs — Des passants posent devant un commerce de boissons de la rue des Rosiers, dans le quartier juif. Paris (IVe arr.), 1920-1925.

(RV-1970-3)

P. 92

Crème de gruyère — Des agents commerciaux posent devant une affiche publicitaire pour du fromage Graf. Paris, 1920-1925.

(RV-12552-6)

P. 95

Index des photographes

Jardin des Tuileries — Séance de pose non loin du musée du Louvre. Paris (Ier arr.), vers 1923.

(RV-5259-11)

P. 208-209

FRANÇOIS KOLLAR (1904-1979)

Né en Hongrie, François Kollar s'installe à Paris en 1924. Passionné de photographie, il apprend le métier à l'imprimerie Draeger Frères, au studio Chevojon et à l'agence Lecram, avant de monter son studio en 1930. En 1931, il débute une collaboration avec les éditions Horizons de France pour des reportages sur le monde du travail. Cette enquête, de plus de 2 000 clichés, dure près de 4 ans et entraîne Kollar aux quatre coins du pays. *La France Travaille* paraît en fascicules à partir de 1932 et rencontre un grand succès. Photographies publicitaires, de mode, reportages industriels, sa production est exposée et publiée (*Figaro Illustré, Plaisirs de France, Vu, Harper's Bazar* et nombreuses revues professionnelles) jusqu'au milieu des années 1960.

Arrivées des carottes — Des manutentionnaires déchargent des légumes qui seront vendus au marché des Halles. Paris (Ier arr.), 1931-1934.

(RV-41429-12)

P. 102

Effervescence commerçante — Les marchands ont envahi la rue du Pont-Neuf en bordure du marché des Halles. Paris (Ier arr.), 1931.

(RV-34577-5)

P. 105

AGENCE LAPI

Les Photographes Associés, parmi les premières coopératives de photographes, est créée dans les années 1930. Reprise par Robert Delhay en 1938, elle devient l'Agence LAPI (Les Actualités Photographiques Internationales). Après guerre, Robert Delhay devient, jusque dans les années 1970, l'un des photographes officiels de l'Arc de Triomphe.

Rue Montmartre — Goudronnage de la rue sous le regard curieux des passants. Paris (Ier arr.), 1920-1925.

(RV-77921-19)

P. 61

Grève — Photographe affichant ses revendications : « Je fais grève, semaine de 40 heures ». Paris, vers 1930.

(RV-136-14)

P. 162

LÉON & LÉVY

Moyse Léon (1873-1955) et Isaac dit Georges Lévy (1833-1913) débutent comme assistants au sein du studio photographique Ferrier-Soulier. Ils fondent leur entreprise dès 1864 et vendent des tirages sur papier albuminé, principalement des vues stéréoscopiques. La firme Léon & Lévy participe à l'Exposition universelle de 1867 et remporte la Grande Médaille d'or de l'Empereur. En 1874, le studio Léon & Lévy devient J. Lévy & Cie, sous la direction d'Isaac. À l'arrivée de ses deux fils, Ernest et Lucien, en 1895, la société accroît son envergure et est rebaptisée Lévy & Fils. Tirages à l'unité, albums de photographies de voyage et cartes postales : l'activité est intense jusqu'en 1917.

Notre-Dame de Paris — La cathédrale et le pont Saint-Michel vus depuis le quai des Grands Augustins. Paris (Ve et VIe arr.), vers 1925.

(RV-24737-2)

P. 8-9

BORIS LIPNITZKI (1887-1971)

Né en Ukraine, Boris Lipnitzki s'installe à Paris en 1921. Il y monte un studio et se lie rapidement au couturier Paul Poiret. Dès 1924, il publie dans *Femina* et *Excelsior* des reportages mondains, des photographies de mode (Heim, Schiaparelli, Chanel, Rouff) et des portraits de personnalités (Baker, Artaud, Cocteau, Giraudoux, Anouilh, Colette…). Lipnitzki fréquente la colonie russe de Paris, visite les ateliers d'artistes et photographie les mises en scène de ballet et de théâtre, les auteurs et les interprètes (Stravinsky, Prokofiev…). Il fuit la France occupée et est accueilli par Marc Chagall à New York. À son retour, il rouvre son studio Lipnitzki et couvre, jusqu'à la fin des années 1960, l'actualité parisienne du théâtre, du ballet et de l'opéra.

Séance de pose — Peintre faisant le portrait de Cleope Teresa Magliano, seconde épouse d'Aga Khan III et mère d'Ali Khan. Paris, 1920-1925.

(RV-52540-4)

P. 205

L'heure du thé — Jardin du Ritz place Vendôme. Paris (Ier arr.), vers 1930.

(RV-1622-5)

P. 212

Portrait canin — Jeune femme accompagnée d'un chien-loup. Paris, 1925-1930.

(RV-57752-12)

P. 214

Appel téléphonique — Intérieur parisien. Paris, 1925.

(RV-5125-10)

P. 218

Mode féminine — Ensemble pantalon « Anna ». Paris, 1925.

(RV-4232-10)

P. 221

Photographie publicitaire — Gants Neyret et appareil photo Rolleiflex. Paris, 1925-1930.

(RV-56087-14)

P. 225

Index des photographes

GASTON PARIS (1903-1964)

Dès les années 1930, Gaston Paris est l'un des piliers de l'hebdomadaire *Vu*. Il partage les pages du magazine avec Laure Albin Guillot, Germaine Krull, André Kertész, Martin Munkacsi, Man Ray ou Robert Capa. Ses clichés permettent de saisir sa familiarité avec ses modèles (Simenon, Cocteau, Jouvet ou Piaf) et de découvrir les concours de maillots de bain à la piscine Molitor, les coulisses des Folies Bergère ou les ateliers d'Yves Brayer. Parallèlement, il livre de nombreux reportages étranges et personnels, aux inspirations surréalistes.

Couple dans un café — Sur la table, deux verres et un siphon à eau de Seltz. France, vers 1930.

(RV-557-6)

P. 122

Ancien palais du Trocadéro — Vue depuis le pied de la tour Eiffel. Paris (VIIe arr.), 1925.

(RV-10695-1)

P. 66

Dames de fer — Deuxième étage de la tour Eiffel. Paris (VIIe arr.), 1928.

(RV-11893-17)

P. 67

Vacances de Pentecôte — Départ des voyageurs dans une gare parisienne. Paris, vers 1930.

(RV-46-3)

P. 72-73

Gare Saint-Lazare — Affluence à proximité de la voie 26. Paris (VIIIe arr.), vers 1925.

(RV-47959-1)

P. 76-77

Barbès-Rochechouart — Les usagers patientent sur le quai du métro. Paris (XVIIIe arr.), vers 1920.

(RV-5764-7)

P. 81

Après le marché — Vue intérieure des halles centrales en cours de nettoyage. Paris (Ier arr.), vers 1920.

(RV-1435-6)

P. 96-97

Circulation — Bus, piétons et automobiles se partagent la chaussée. Paris, vers 1928.

(RV-1926-14)

P. 112

Terrasse de café — Vue plongeante sur une terrasse de café très fréquentée. Paris, vers 1925.

(RV-75166-10)

P. 113

Répétition du Spark's Ballet — Danseuses sous la direction d'Ernest Funke sur la scène du cabaret Concert Mayol, rue de l'Échiquier. Paris (X^e arr.), vers 1925.

(RV-58649-8)

P. 133

Auto-réclame — Voiture publicitaire pour le Moulin-Rouge. Paris, 1926.

(RV-75143-28)

P. 135

Théâtre de la Renaissance — À l'affiche, *La Madone des Sleepings*, d'après le roman éponyme de Maurice Dekobra. Paris (IXe arr.), vers 1925.

(RV-57639-1)

P. 140

Conversation — Réunion sur un balcon parisien. Paris, 1925.

(RV-3199-10)

P. 169

Sortie hivernale — Cygnes au bois de Boulogne. Paris (XVIe arr.), vers 1925.

(RV-9102-16)

P. 175

Course Paris-Pyrénées — Le motocycliste Dumoulin au départ. Paris, 1923.

(RV-75086-17)

P. 194

Réfection de la chaussée — Un ouvrier à l'angle de la rue Campagne-Première et du boulevard du Montparnasse devant la boîte de nuit Le Jockey. Paris (XIVe arr.), avril 1923.

(RV-6328-11)

P. 196

Transport d'œuvre d'art — Déplacement d'un tableau avenue Winston Churchill devant le Grand Palais. Paris (VIIIe arr.), vers 1930 .

(RV-77811-1)

P. 203

COLLECTION ROGER-VIOLLET

Voir présentation du fonds page 227.

Attente des résultats du scrutin — Foule rassemblée sur la place de l'Opéra pour l'annonce des résultats des élections législatives. Paris (IXe arr.), 5 mai 1936.

(RV-75169-23)

P. 17

REMERCIEMENTS

Avant tout, je voudrais remercier les éditions du Chêne de m'avoir une nouvelle fois permis de m'exprimer pleinement. À Emmanuel Le Vallois, qui est venu me chercher juste avant Noël 2021, alors que mon compte Instagram n'avait que 8 mois et que l'idée d'en faire un livre n'était qu'un rêve. À Hélène Sevin, qui m'a suivi et rassuré durant mes premiers pas, parfois maladroits, d'auteur découvrant un métier. Votre bienveillance à mon égard m'a toujours touché et je vous suis reconnaissant de m'avoir fait vivre cette aventure. Un grand merci à Sabine Houplain et à l'équipe du Chêne, constamment attentives aux détails, au service de la beauté et de la réussite du projet.

Merci infiniment à Roger-Viollet. Ce fut un privilège d'accéder à vos archives, riches et pleines de surprises. Je mesure l'honneur qui m'a été fait de coloriser des documents précieux qui font l'histoire de la France. Merci à Ophélie Strauss pour son enthousiasme et son rôle dans l'élaboration de ce projet. Merci pour son écoute et son énergie. Tu m'as dit que tu redécouvrais les photos une fois colorisées. C'est un très beau compliment.

Merci à Guillaume Evin pour ses textes, au ton d'une justesse infaillible, qui nous transportent au cœur des années 1920 et qui font écho aux images de cette déambulation parisienne.

Merci à tous ceux qui m'ont encouragé et soutenu. Merci Sophie, my number one fan, qui me témoigne toujours autant d'admiration et de fierté, qui sait que le travail est important, mais que prendre du plaisir dans son travail n'a pas de prix. Merci à mes filles d'amour, Margot et Charlotte qui, malgré leurs petits airs blasés, sont fières de leur papa. À mes parents, bien sûr, qui suivent de loin, avec orgueil, les projets du fiston. À ma fratrie, Michel, Anabelle et Hélène, et aux autres membres de ma famille qui écoutent inlassablement mes histoires, même trop longues : João Carlos, Michèle, Olivier, Corine, David, Sarah, Fernando, Emma, Alizée, Frida, Sina et Matilda.

À mes amis, chers à mon cœur, qui savent que ce deuxième livre est important pour moi : Sébastien Morel, avec qui l'aventure n'est jamais finie, Martin, toujours proche et à l'écoute, Line, car la vie est faite de fous rires ! Gigi, my first fan ! Pierre, pour ta sensibilité et ta compréhension, Bernadette, ma workwife, qui partage tous mes enthousiasmes et mes coups de blues, et vice versa ! Franceso, Valeria, Nami, Didier, Philippe, Marcello, Spaco, Sam : mon Italie, toujours dans ma vie. À tous les autres, qui faites ma vie, qui la remplissez d'écoute, de bienveillance, d'humour. Corentin, Sébastien, Marie-Laure, Lucrezia, Patrick, Gildas, Michal, Amelle, Maure, Thomas, Urban… merci.

SÉBASTIEN DE OLIVEIRA

Né à Chartres en 1970, Sébastien de Oliveira est diplômé en illustration et en photographie des beaux-arts d'Orléans. Il s'installe à Milan en 1997 en tant que dessinateur pour un architecte avant d'assister l'illustrateur de mode François Berthoud. En 2004, il déménage à Paris, où il travaille comme retoucheur pour les maisons de mode (Givenchy, Dior, Balenciaga…).

Il commence à coloriser des photographies en 2016. Il publie en 2019 *Ici et maintenant,* aux éditions l'Erre de Rien, une série de mises en couleurs de Dunkerque sous l'occupation d'après le travail de la photographe Adeline Debaene-Kiesecoms. Les images sont exposées aux archives de Dunkerque. En 2020 et 2021, il réalise des colorisations pour l'ouvrage *Voyages extraordinaires* de Louis Vuitton et met en couleurs les archives de Wimbledon en collaboration avec Getty Images. *Back To America,* publié en octobre 2022, est son premier livre aux éditions du Chêne.

@sebcolorisation

GUILLAUME EVIN

Historien de formation, parisien de cœur, Guillaume Evin est journaliste et écrivain. Dans une autre vie, il a hanté la Bibliothèque historique de la Ville de Paris (BHVP) dans le Marais et contribué à plusieurs hors-séries consacrés à l'histoire de la capitale au fil des siècles. Auteur de plus d'une cinquantaine d'ouvrages depuis le début des années 2000, dont bon nombre consacrés au cinéma, il a notamment écrit, aux éditions du Chêne, *Trésors de France* (2017) et *Sur la route du cinéma* (2023).

CRÉDITS PHOTOGRAPHIQUES

Pour les originaux (toutes les images sont diffusées par l'agence Roger-Viollet) :
© **Albert Harlingue / Roger-Viollet :** 12, 13, 27, 30, 36, 37, 38-39, 41, 42-43, 45, 47, 49, 55 (n°1), 63, 64, 65, 92, 95, 99 (n°2), 108, 110-111, 115 (n°1), 116-117, 120, 123, 124-125, 127, 136-137, 138, 145, 147 (n°2), 161 (n°1 et 4), 163, 164, 166-167, 171, 172-173, 174, 190-191, 193 (n°2 et 4), 204, 208-209
© **Archives Terre Blanche / Roger-Viollet :** 161 (n°2)
© **BHPV / Roger-Viollet :** 115 (n°3)
© **Boris Lipnitzki / Roger-Viollet :** 193 (n°5), 205, 212, 214, 218, 221, 225, 217 (n°2)
© **CAP / Roger-Viollet :** 96-97
© **Collection Roger-Viollet / Roger-Viollet :** 75 (n°1), 99 (n°1), 140, 203, 217 (n°3)
© **Excelsior - L'Équipe / Roger-Viollet :** couverture, 14, 20, 21, 22-23, 24-25, 31, 35 (n°3 et 4), 40, 50-51, 53, 55 (n°6), 56, 58-59, 69, 70, 71, 75 (n°2 et 3), 80, 83, 85, 86, 89, 101, 103, 106-107, 119, 121, 134, 144, 148, 149, 151, 152, 176-177, 179, 181 (n°1), 182, 183, 184, 186-187, 193 (n°1), 195, 200, 201, 202, 206, 210, 211
© **François Kollar / Bibliothèque Forney / Roger-Viollet :** 102, 105
© **Gaston Paris / Roger-Viollet :** 122, 131
© **Georges Devred / Musée Carnavalet / Roger-Viollet :** 154-155, 181 (n°3)
© **Jacques Boyer / Roger-Viollet :** 18-19, 55 (n°2), 68, 75 (n°4), 84, 99 (n°4 et 6), 100, 139, 142, 147 (n°1, 3 et 5), 161 (n°3), 165, 170, 215
© **LAPI / Roger-Viollet :** 4e de couverture, 61, 162
© **Léon & Lévy / Roger-Viollet :** 8-9
© **Maurice-Louis Branger / Roger-Viollet :** 7, 11, 16, 28-29, 32-33, 35 (n°2), 44, 48, 55 (n°3 et 4), 57, 60, 78, 79, 88, 90-91, 94, 109, 115 (n°2), 128-129, 141, 147 (n°6), 153, 156, 157, 159, 185, 188, 189, 181 (n°4), 197, 199, 207, 213, 219, 222, 223, 217 (n°1 et 4)
© **Neurdein / Roger-Viollet :** 35 (n°1)
© **Paul Géniaux / Musée Carnavalet / Roger-Viollet :** 99 (n°5)
© **Roger-Viollet / Roger-Viollet :** 17, 55 (n°5), 66, 67, 72-73, 76-77, 81, 99 (n°3), 112, 113, 115 (n°4), 133, 135, 147 (n°4), 169, 175, 181 (n°2), 194, 196, 193 (n°3 et 6).

Pour la colorisation : © Sébastien de Oliveira / sebcolorisation

Pour les gardes : plan général de Paris de l'*Atlas municipal des vingt arrondissements de Paris* (garde avant) et plan de Paris avec les lignes de métro (garde arrière). Gravés chez L. Wuhrer, 1925. Bibliothèque historique de la Ville de Paris © Ville de Paris / BHVP

www.editionsduchene.fr

Direction : Emmanuel Le Vallois
Édition : Hélène Sevin
Direction artistique : Sabine Houplain
Conception graphique : Bureau Berger
Relecture-correction : Audrey Dinghem
Fabrication : Marc Chalmin
Photogravure : Quadri Laser
Relations presse : presse_chene@hachette-livre.fr

PAPIER CERTIFIÉ

Édité par les éditions du Chêne
(58, rue Jean-Bleuzen, 92178 Vanves Cedex)
Achevé d'imprimer en Espagne
par Graficas 94 en avril 2024
Dépôt légal : juin 2024
ISBN : 978-2-81232-167-2
53/6733/3

PLAN DE PARIS
Mars 1925
LÉGENDE
I. Lignes déclarées d'utilité publique.
En exploitation
Construites non exploitées
En construction
A construire
II. Lignes en instance de déclaration d'utilité publique.
(Délibération du Conseil Municipal de Paris du 29 Décembre 1922)
III. Lignes concédées à titre éventuel.
(Délibération du Conseil Municipal du 23 Décembre 1907)
Concession de la Comp.ie Nord-Sud.
En exploitation
En construction
A construire
Stations
Pte. de Champerret
Pte des Ternes
Porte Maillot
Pte. Dauphine
Pl. de l'Etoile
Pl. du Trocadéro
Les Invalides
Bd de Grenelle
Pte d'Auteuil
Porte de St. Cloud
Pte. de Sèvres
Porte de Versailles
Ouest-Ceinture-Porte de Vanves
LEVALLOIS-PERRET
NEUILLY
CLICHY
SURESNES
BOULOGNE
ISSY
VANVES
MALAKOFF
SÈVRES
SEINE
Gravé chez L. Wuhrer, rue de l'Abbé de l'Epée 4, Montrouge, S.